Super ET Opera viva

Dello stesso autore nel catalogo Einaudi

Senza volo

Controvento

Scintille

La piú bella estate

Federico Pace

Ogni cosa aveva un colore

Un padre, un figlio e l'amore di chi resta

Einaudi

www.einaudi.it

ISBN 978-88-06-26730-8

«Si scrive sempre partendo da una mancanza, da un'assenza».

ITALO CALVINO, *Eremita a Parigi*.

Ogni cosa aveva un colore

Per mio padre,
per tutti noi,
per chi non c'è piú
e per chi c'è ancora

1.

Quest'anno non è ancora arrivato il freddo dell'inverno. Le due grandi magnolie in giardino, con le foglie verdi e lucenti, sembrano già pronte a far sbocciare i fiori color bianco crema. Le giornate di febbraio stanno passando, una dopo l'altra, senza sferzare. Mio padre è scomparso da qualche mese, un giovedí di novembre. Di quei giorni ricordo il rovistio del vento tra le cime degli alberi e la strana apatia che mi prese. Per qualche ragione, abbiamo deciso di non celebrare alcun funerale. C'è stata solo la benedizione di un prete. Poi, come avrebbe voluto lui, la cremazione.

Non so cosa abbiano pensato tutti quanti, i parenti e gli amici, della mancata cerimonia. Quel mattino abbiamo visto andare via la macchina con ciò che restava di lui. Non c'era piú il sorriso furbo sul volto quando gli veniva in mente un pensiero divertente.

Non c'è stato nient'altro.

Ho sentito il grande vuoto che si apre quando la vita scompare.

È sera e ho chiuso le finestre. Anche le foglie delle due magnolie in giardino si preparano alla notte. Riordino la scrivania. Il precipizio del pensiero è sempre a pochi passi e basta un istante per caderci dentro. Mi metto al lavoro. Sono alle prese con una storia. Si tratta della scalata del Klein Fiescherhorn, un picco delle Alpi Bernesi, che il fotografo svizzero Werner Bischof, in piena Seconda guerra mondiale, intraprese una notte d'estate del 1940.

Guardo le foto che Bischof scattò alle vette innevate delle Alpi. Quasi tutte sono svuotate di ogni elemento umano e svelano l'amore che Werner deve aver nutrito per la dimensione arcana della natura. Alle schede dei provini diede come titolo solo il sostantivo singolare: BERG – ovvero MONTAGNA – come se ognuna di quelle vette, ognuno di quei precipizi e di quelle pareti scoscese, appartenesse a un unico e coerente mondo. Scorrendole si vedono gli elementi essenziali di quell'universo senza fine. C'è la schiena ripida e pietrosa di una vetta. Ci sono le nubi vicinissime. C'è il chiarore indifeso della neve. In ciascuna di esse, c'è sempre un dettaglio, un punto di vista, qualcosa che sfugge a ogni spiegazione e le fa sembrare diverse dalle rappresentazioni stereotipate degli spazi montani che quasi tutti non resistono alla tentazione di immortalare.

Davanti allo schermo del computer, mentre appunto alcuni dettagli, mi distraggo senza volere. Riemerge alle volte, improvviso, lo sgomento. Il vuoto aperto, in quegli istanti, appare incolmabile. Poi il pensiero si muove di nuovo. Digito i tasti per comporre una parola dopo l'altra. Mi rimbocco, come un artigiano, le maniche del maglione. Nel silenzio, riesco a riprendere le fila della storia e a ripercorrere gli eventi della notte di Bischof alla ricerca delle vette.

La scalata, da quanto sono riuscito a ricostruire, era cominciata dallo spiazzo davanti alla Strahlegg Hutte, il rifugio in cui il fotografo riposò per alcune ore. Il primo tratto che si trovò ad attraversare era l'Obers Ischmeer, il ghiacciaio che si distendeva per qualche chilometro e che da allora si è ritirato di molto. Era uno spazio cosí sorprendente che si sarebbe detto originato dalla fantasia di un dio visionario piú che dal lavorio ostinato della natura. Aveva la forma di un mare congelato che si trovava a oltre duemila e seicento metri di altitudine. Pieno di precipizi, crepacci e abissi di un nero blu. Anche di notte, anche sotto l'immacolata luce della luna, si intravedeva il ghiaccio azzurro, lo strato piú profondo del manto di quella gelida distesa. Era un luogo unico che emanava un fascino irresistibile.

Leggo alcuni stralci degli appunti che Bischof aveva scritto qualche mese prima della salita. In quelle memorie parlava del suo sogno di diventare pittore e di quando proprio per quell'anelito se ne era andato a Parigi con l'amico Adolf Flückinger, spendendo i soldi guadagnati con gli ingrandimenti dei fotomontaggi che aveva realizzato per il padiglione della moda alla Fiera Nazionale Svizzera. Aveva ventiquattro anni e voleva aprire un atelier nella capitale francese. Rimase in quella città-universo solo per pochissimi giorni. Fu costretto a tornare indietro di corsa con uno degli ultimi treni ancora in circolazione prima che tutto si fermasse. Colpa di Hitler che aveva dato il via all'invasione della Polonia e stava per far precipitare ogni cosa.

Nei diari, durante la scalata notturna, Werner aveva provato a descrivere la luce della luna. C'era, nel suo modo di guardare alle cose, un'intoccata purezza, forse imputabile all'età. Diceva che la brillantezza del satellite era dolce e gentile e gli sembrava che il riverbero notturno rendesse ogni cosa nobile. Anche le ombre, su quelle lastre ghiacciate, gli apparivano piene di vita e non minacciose e tetre come ci si sarebbe aspettati.

A un tratto, sento un tonfo metallico giungere dalla strada. Forse un urto improvviso tra due auto. Mi fermo e rimango ad ascoltare, senza muovere un dito, come se anche io stessi scalando una parete e avessi sentito una stalattite o un frammento di roccia ghiacciata staccarsi e precipitare in un canalone o in una gola ripida. Percepisco la minaccia di un pericolo vicino. Rimango, nonostante tutto, seduto in attesa di altri indizi sonori. Poi mi decido. Mi alzo e mi affaccio alla finestra del salone che dà sulla strada dietro casa. Mi sporgo e guardo. Prima a destra e poi a sinistra. Ma non vedo nulla. Arrivo a dirmi che ho immaginato, come accade spesso di notte quando si rimane soli, quel rumore improvviso.

Torno con le mani sulla tastiera. Non appena Werner fu costretto a lasciare di corsa Parigi per l'esplosione della guerra, fu richiamato dall'esercito svizzero e dispiegato lungo il confine, a Wattwil, un villaggio di poche case vicino a San Gallo. Aveva l'incarico di sorvegliare i valichi vicini e difendere la neutralità della Svizzera da un improbabile attacco delle truppe naziste. Con lui, in quelle notti, c'era l'amico Max Huber. Avevano studiato insieme alla scuola d'arti applicate, la Kunstgewerbeschule, a Zurigo. Sulle vette, isolati da tutto, mentre facevano da sentinelle, parlavano per ore e ore di ciò che sognavano per il proprio futuro e di quel che invece stava accadendo, poco distante, senza che potessero fare alcunché.

La scalata notturna, compiuta tra un turno di guardia e l'altro, fu appartata e silenziosa. In qualche modo, ai miei occhi, disperata, nel suo bisogno di quiete e purezza proprio durante gli sciagurati sussulti della guerra. Quel gesto aveva in sé qualcosa di sublime. Pareva la confessione di chi, attratto dalla bellezza organica della natura, voleva starsene in pace con i propri simili. Era un sogno cosí integro e innocente, e già fuori dal tempo, da apparire incongruo. Destinato a non poter essere realizzato.

Mentre procedeva sulle creste di quel mare ghiacciato, Werner a un certo punto si voltò indietro, verso sud est, verso le cime del Lauteraarhorn. Nel cielo blu e nero vide la stella luminosissima di Venere. In quei giorni dell'anno il pianeta raggiunge la sua massima brillantezza. Al cospetto di quella luce, Werner e il suo compagno erano due minuscoli puntini nell'immenso bacino composto da firn e ghiaccio azzurro. Due esseri legati a una corda: silenti, ammutoliti, ciascuno perso nei propri pensieri.

Non so per quanto tempo abbiano continuato a camminare a quel modo. Dagli appunti di Werner non riesco a capire quando il giovane fotografo, completato il primo tratto del percorso, si ritrovò al termine del mare ghiacciato dell'Obers Ischmeer. Fatto sta che a un certo punto, dopo qualche ora dalla partenza, i due cominciarono a salire lungo le pareti che portavano alla cima. Senza troppa fatica superarono la prima pendice. È allora che Werner fu protagonista di una specie di epifania. Nel diario parla delle scaglie di ghiaccio che gli schizzarono sul viso, della percezione della forza incontrastata della montagna e della preziosa libertà di cui all'improvviso, si accorse, stava godendo.

Alle prime luci dell'alba, in prossimità della vetta del Klein Fiescherhorn, Bischof si fermò per scrivere ancora qualcosa. Voleva assaporare fino in fondo ogni singolo istante di quell'ascesa. Al punto quasi che era tentato di sospendere o ritardare l'arrivo, come quando si comincia a digredire poco prima di confessare qualcosa a cui teniamo molto. Si interrogava, nelle pagine del diario, su quale splendore gli si sarebbe spalancato davanti una volta arrivato in cima. Fremeva per la sorpresa che lo aspettava pochi passi piú in alto e per la sconfinata beatitudine di quell'alba, dimentico dei turni di guardia e del terrore causato dalla guerra.

Dalla strada arriva il suono bitonale di un'autoambulanza che si avvicina rapidamente. Poi cessa. Il fragore dell'urto non era una mia fantasticheria. Passano alcuni minuti. Nel buio del salone cala di nuovo il silenzio. La calma ammutolita della notte prevale su ogni cosa. Sulle preoccupazioni e sull'immaginazione. All'improvviso mi prende un invincibile senso di stanchezza. Seduto, poggio la testa sulle braccia incrociate, proprio come faceva mio padre alla sua scrivania al termine di una giornata di lavoro. Sento sempre il tarlo che rode.

È passata un'ora, forse due, quando accendo la televisione. Sullo schermo lumineggiano i lampi nervosi di alcune esplosioni. L'invasione dell'Ucraina, a lungo minacciata e prefigurata, poi rinviata e smentita, è infine cominciata. Chiarori intermittenti svelano i profili cupi degli edifici. Si sentono scoppi e rimbombi cavi. Le tremolanti sagome dei palazzi prendono l'aspetto di figure che arrivano dal passato.

L'inquadratura della telecamera a un certo punto quasi sobbalza sullo schermo. Un istante dopo un bagliore bianchissimo rischiara tutto. Appaiono pienamente visibili, quasi fosse giorno, il verde del prato e le fronde di alcuni alberi. Poi torna il buio che inghiotte tutto. Di nuovo un bagliore rossastro, come un grande sole ingannevole, prova a sorgere senza riuscirci. Ancora il buio. I boati e le esplosioni.

Sembra tutto cosí irreale. Mi decido a cambiare canale. Tutti i programmi, però, trasmettono le stesse immagini. Mi fermo a guardare ancora. Nella parte inferiore dello schermo balugina un numero ininterrotto di minuscole luci accese nei palazzi. Le finestre formano una brace annerita. E da lí, da quella linea fremente, si alzano verso il cielo numerose colonne di fumo.

Dopo qualche istante, appare il primo piano di una giovane donna. Il viso, rischiarato flebilmente, emerge dai recessi bui di un rifugio. Qualcosa non va nelle linee internazionali. Infine si sente anche la voce. In un inglese stentato, la donna sussurra ciò che ha appena visto, l'incubo appena iniziato. Ascolto per qualche minuto quel resoconto che arriva da un altro tempo, che inquieta e impaurisce. Dopo poco, mi decido a spegnere. Scompare il volto lontano. Rimane l'irrequietezza.

Cerco di tornare alla storia del fotografo svizzero alle prese con la sua scalata notturna. Provo a farmi contagiare dalla tranquillità che Werner inseguiva in quella notte lontana. Mi metto a scrivere sulla tastiera cosí come lui si era messo a camminare sul ghiaccio. Rovisto tra le pagine dei cataloghi in cerca di altre immagini alpine scattate da Bischof, ma ne trovo solo poche che non conosco già. Ce ne sono però altre che mi colpiscono. Molto diverse da quelle in cui sono immortalate le linee antichissime delle Alpi.

In una si vedono due bambine sorridenti che camminano negli interni squarciati di una chiesa diroccata. Il contrasto tra la loro frenesia giocosa e la mestizia austera delle macerie mi spiazza. Un altro scatto mostra una ragazza davanti a ciò che rimane dell'entrata di un forno. Ha l'aria esterrefatta, dell'edificio alle sue spalle è sopravvissuta solo l'insegna con la scritta Bäckerei. In un'altra foto ancora, un poco distanti dall'obiettivo, una decina di bambini si tengono per mano mentre fanno il girotondo. Dietro di loro, si distendono i muri sgretolati di case bombardate. Poi mi soffermo sull'immagine di tre donne vestite di scuro. Le vediamo di spalle, sembrano tre grandi uccelli che camminano in salita lungo una strada in terra battuta. Ai margini, ancora cumuli di macerie e detriti.

Sono le foto che Werner Bischof ha scattato nel settembre del 1945 quando, al termine della guerra, scese dalle vette innevate e, in sella alla bicicletta, decise di andare a vedere con i propri occhi cosa era accaduto in quegli anni.

Proprio in quel momento incappo nella foto di un bambino.

È un primo piano. Bischof, durante i suoi giri, deve averlo scattato nel novembre del 1945 a Roermond, una cittadina olandese. La pelle rosata del volto del ragazzino è martoriata da cicatrici bluastre e viola. Uno dei due occhi, il destro, per la fissità, sembra una protesi. C'è, sul margine della palpebra inferiore di quell'occhio, lo stesso piccolo grumo semiliquido che si formava anche sul bordo palpebrale di mio padre. Il sinistro è vivo e malinconico. Con quell'unico occhio semichiuso il ragazzino mi fissa con insistenza. Il libro in cui ho trovato l'immagine non riporta né il nome, né tanto meno l'età del bambino.

Mi colpisce la dolcezza sofferente e l'incredibile somiglianza con mio padre. Sento un fortissimo fremito. In tutti i giorni che sono passati dalla sua scomparsa non sono riuscito piú a ritrovarlo. Non sono stato capace di placare la rabbia e il dolore. Non ho trovato il modo di infilarmi in un pertugio per riavvicinarmi a lui. Forse perché quel sentiero non esiste. In fondo non ho mai creduto che ci sia la possibilità di avvicinarsi a chi si è allontanato per sempre. Non credo che ci sia una vetta da scalare.

Quando ero bimbo, con le dita, sfioravo affascinato il suo volto e le cicatrici. Percorrevo con i polpastrelli la complessa orografia del viso. Anche lui era stato ferito. Anche lui era stato aggredito di sorpresa dalla guerra.

Mentre guardo il bambino, sento mio padre di nuovo vicinissimo. Non mi capitava da quando se n'è andato.

È come averlo di nuovo a un passo da me. Non è l'uomo con cui mi sono misurato negli ultimi terribili mesi della sua vita, dimagrito e ossuto, ma un bambino lasciato sulla spiaggia dopo la bufera, un piccolo miracolosamente salvo dopo che la foresta è andata in fiamme. Non faccio in tempo neppure a chinarmi verso di lui, per vedere se è ferito o ha male da qualche parte, che lui si fa avanti. Cammina come possono fare solo i piú piccoli. Muovendosi con passi incerti e pieni di slanci. Come se avesse ancora davanti a sé tutto il tempo possibile. E potesse respirare di nuovo e vedere la luce. Dire qualcosa, parlarmi e sorridermi.

Si fa avanti sulla battigia del ricordo, e del pensiero, camminando verso di me.

Fino a quel momento non avevo mai pensato a mio padre per ciò che forse era stato per tutti gli altri. Per ciò che forse era stato prima di ogni altra cosa. Una vittima della guerra. Un sopravvissuto. Un bambino ferito nei giorni piú belli dell'infanzia.

Anche se di mio padre so molto, c'è una cosa, forse la piú importante di tutte, di cui lui non mi ha mai parlato. Qualcosa che, in un tempo distante, ha ferito e mutato per sempre la sua esistenza, quando da bambino la guerra lo colpí sul viso.

Non so se la mia indecisione a chiedere di piú, nel tempo che abbiamo condiviso prima che il distacco divenisse definitivo, sia stata timidezza o se invece sia da ricondurre al profondo rispetto per ciò che non può essere rievocato senza aprire la ferita.

Ricordo che quando eravamo entrambi adulti, avevamo parlato a lungo di Primo Levi. Avevamo ragionato con attenzione e timore del silenzio di lui, prima che si decidesse a scrivere di ciò che aveva vissuto nei campi di concentramento. Della precisione della lingua che aveva utilizzato per narrare. Avevamo parlato con ammirazione della vita piena e originale che poi Levi era riuscito a condurre. Avevamo commentato il suo essersi diviso, con uguale passione, tra il ruolo di dirigente chimico presso un'azienda di vernici e quello di autore di pagine crude e limpide. Avevamo taciuto invece davanti all'epilogo della sua vita. Nessuno di noi due aveva avuto l'impertinenza di dire nulla su come Primo Levi avesse trovato la fine. Tutti e due, al cospetto di ciò che nascondevano gli ultimi attimi di quell'uomo, avevamo preferito non andare oltre.

Forse con la stessa esitazione con cui ci eravamo fermati noi a un passo dai segreti intimi di Primo Levi, mi ero sempre fermato anche io a un passo da ciò che mio padre teneva nascosto. Mi ero fermato senza trovare mai il coraggio di chiedergli di quei giorni cruciali. Temevo che facendolo potesse accadere ciò che capitò a Pandora, quando spinta dalla curiosità sollevò il coperchio del vaso regalato da Zeus. Temevo che spingendolo a raccontarmi ciò che gli era accaduto avrebbe provato di nuovo tutto il dolore.

Cosí, non so cosa avvenne in quel tempo. Non conosco i dettagli del calvario a cui la coda della guerra lo costrinse. Anche perché quelle origini, quella specie di personale big bang oscuro, lui decise di celarlo, almeno ai miei occhi, dietro il telo della sua intelligenza e della sua ironia.

Senza quasi rendermene conto accendo di nuovo la Tv. Scorrono ancora le stesse immagini. Crude e insopportabili. Sanciscono l'inizio di una nuova guerra. Non so in quale momento vengo sorpreso dal sonno.

2.

È mattina. Mentre cerco di spostare un mobile, una piccola scheggia di legno, che non mi sono accorto fuoriuscire da un lembo laterale, mi entra rapidissima nel palmo della mano sinistra. Sento una fitta acuta. Esce solo qualche goccia di sangue. Per sfilarla, cerco di afferrarla, piú volte, con la punta delle dita. Ma non ci riesco. Forse si è spinta troppo dentro. Disinfetto la piccola ferita che si è aperta e la bendo con una fasciatura leggera. Nella doccia, per lavarmi, uso solo la mano destra.

Lascio da parte la storia della scalata notturna di Bischof. Torno nella casa romana in cui mio padre ha abitato negli ultimi trent'anni e dove ancora vive mia madre. Parliamo un po' di ciò che è successo durante la notte e della guerra che torna a spaventare. Mi confessa le sue paure. Le dico della foto che ho trovato, del bambino olandese e della somiglianza sorprendente. Vuole che gliela mostri. Gliela faccio vedere sullo schermo del mio cellulare. Le chiedo se anche a lei sembra cosí. Rimane a guardarla a lungo senza dire nulla. Parliamo di ciò che mi è venuto in mente. Di ciò che abbiamo taciuto, per tutto quel tempo, anche tra noi.

Mi svela che mio padre, molti anni fa, ha scritto un breve testo in cui ha lasciato testimonianza di ciò che avvenne allora. Le chiedo se ha idea di dove possa essere. Non sa dirmi molto. È passato tanto tempo. L'unica cosa che ricorda è che lui ci teneva in maniera particolare. Mi suggerisce di cercare nello studio, dove mio padre ha trascorso gran parte del suo tempo di uomo adulto.

Non appena entro, sento di nuovo l'odore di sughero e legno, l'essenza del profumo che portava sempre con sé. Non so neppure se si tratti solo di un'impressione.

Mi do da fare. Apro con calma a uno a uno, meticolosamente, per non lasciarmi sfuggire nulla, tutti gli sportelli della libreria. Faccio ogni cosa senza fretta. Guardo tra i libri, nei volumi e tra gli incartamenti. Cerco tra i tanti fascicoli ormai inutilizzati da tempo, tra le vecchie sentenze catalogate in ordine alfabetico, i codici commentati e i cd-rom impolverati.

È una ricerca lunga che però non dà alcun frutto. Mi spazientisco. Allora comincio a salire e scendere di nuovo i pioli della piccola scala sistemata lí vicino. Controllo ancora una volta il contenuto dei diversi ripiani. Sposto altri libri e tiro fuori di nuovo un gran numero di faldoni.

A un certo punto, quando ormai sto per arrendermi, dopo aver richiuso la scala, in un cassetto stracolmo nella parte bassa della libreria, sotto una pila di altri documenti, trovo una cartellina in cui sono conservati dei fogli battuti a macchina.

È cosí che scriveva quando non voleva chiedere aiuto. Tirava fuori la sua Olivetti Lettera 22 con la carrozzeria in alluminio, infilava un foglio di carta e verificava con la punta delle dita, passando lungo i bordi a destra e a sinistra, che fosse ben centrato. Poi cominciava a far ticchettare i tasti facendo andare avanti e indietro il rullo gommato. Le parole apparivano sul foglio senza che lui neppure le vedesse. Per tutta la vita mio padre, per studio e per lavoro, aveva scritto lettere, documenti e memorie utilizzando quello strumento. Nonostante i problemi alla vista, aveva battuto sulle leve di scrittura a pressione con tutte e dieci le dita delle mani, quasi ogni giorno, solo intuendo le parole che prendevano forma sulla superficie del foglio. Poi a un certo punto si era stancato anche di quel gesto.

È un raccoglitore di cartone rosato rigonfio di pagine tenute insieme da un elastico. Ci sono poesie che aveva composto da ragazzo. Non avrai calore, aveva scritto, quando brucerai il tuo fascio di sterpi. Non avrai labbra, quando la sua bocca cercherà i tuoi baci. Non avrai risposta, quando griderai al mondo la tua domanda. Prendo un foglio e leggo. Poi un altro ancora. Carcasse di cani offrono il ventre alla luna d'agosto dietro la rete, lungo la strada che porta nei campi, lasciando le case, basse, gialle, del borgo.

Dentro la cartellina color salmone trovo un involto. Come uno scrigno nascosto dentro un altro scrigno. Sono poco piú di una trentina di fogli. Mi basta leggere le prime parole per capire che è ciò che cercavo. Della sua vita mio padre ha lasciato scritto, come unico testamento possibile, solo i dettagli di ciò che avvenne in quei giorni, e in quegli anni, in cui la guerra gli esplose sul volto.

Il racconto è in terza persona e parla di un bambino chiamato Momia. Era quello il nomignolo, al tempo dell'occupazione, con cui due militari tedeschi lo avevano apostrofato affettuosamente nell'estate del 1943. Non aveva ancora compiuto tre anni. Aveva capelli biondi e occhi chiari. Abitava in una casa, con le pareti di calce, in una specie di terra di nessuno a un centinaio di chilometri a sud di Roma. A quel tempo, nei dintorni, c'era un villaggio costruito da poco che si chiamava Borgo San Michele. Viveva con la madre Renata e Annamaria, la sorellina che tutti chiamavano Meri, piú grande di due anni. Con loro c'era anche zia Lidia. E poi gli altri zii: Ennio, Evandro e Manlio.

Momia si affacciava alla finestra e da quel rettangolo scorgeva il mondo. La casa del medico aveva pareti bianco avorio e la porta era verde smeraldo. All'interno della staccionata che proteggeva quell'abitazione, vicino alle finestre, c'erano le mimose. I capolini globosi erano cosí tanti e di un giallo limone cosí intenso da far scomparire l'intera abitazione e lasciare visibile, a lui che guardava, solo l'acuto triangolo del tetto di uno sgargiante rosso porpora.

Nei pressi di quelle quattro mura, sulla strada che portava a Littoria, c'era quasi sempre un carretto di carrube. A Momia piaceva il nome e il suono di quella parola. E la ripeteva tra sé e sé piú volte. Carrube. Carrube. Carrube. Dietro il carretto di legno c'erano due marocchini che indossavano camicie variopinte. Quei frutti che maturavano alla luce del sole, agli occhi di Momia, avevano la forma di banane annerite e insecchite dentro cui si intuivano i grandi semi irregolari che spingevano sulla buccia.

Piú in là c'era un grande prato incolto, in parte fresco, vivo di color giada e verde trifoglio, in parte bruciato, quasi color felce e cinabro. Piú in là ancora, si intravedevano le striature chiare dei viottoli di terra che lo attraversavano come lunghi fiumi arsi di bianco. E dove il sole tramontava, c'era una bassa costruzione che virava al rosso vermiglio.

Ogni cosa, per lui, aveva un colore. Ogni cosa era un colore.

Rimaneva a sentire il vento che soffiava dal mare. Guardava il sole che sorgeva e le foglie ampie che crescevano sui rami degli alberi. Le sfumature dei frutti attaccati ai piccioli. Sentiva sulle labbra il sapore dell'acqua piovana.

Vorrei andare avanti, e rimanere a leggere qui, dentro lo studio di mio padre, ogni cosa, tutto d'un fiato. Invece, dopo qualche minuto, decido di smettere. Forse è una specie di sopraffazione che provo o forse è il desiderio inconsapevole di non dissipare, in un tempo troppo breve, l'inaspettata ricchezza. Forse è il bisogno di prolungare, facendolo durare il piú possibile, quella specie di ultimo, e inatteso, dialogo che posso avere con lui.

Torno in cucina. Mia madre, ancora seduta, non smette di osservare la foto del ragazzino olandese. Era cosí anche lui, dice alzando lo sguardo verso di me. Le cicatrici sono uguali. Mi spiega di aver fatto di tutto, nei tanti anni condivisi, per rendere piú bello il volto di mio padre. Si riferisce a lui da ragazzo, a come lei lo aveva conosciuto, e a come io non l'avevo mai visto. Mi dice delle protesi degli occhi con l'iride azzurra che avevano scelto insieme, di quel colore chiaro e trasparente, di lui che le disse «Scegli tu, tu lo sai». Sono ancora conservate da qualche parte in casa.

Le cicatrici e gli occhi feriti, almeno per noi di famiglia, sono stati elementi indissolubilmente uniti tra loro. Forse è per questo che mi ha colpito cosí tanto il ritratto del bambino di Roermond. Nei visi dei due ragazzini, in quello di mio padre e in quello del gemello olandese, è evidente l'asimmetria tra i due occhi. Quello destro, aperto e apparentemente perfetto, è in realtà incapace di vedere, perché non è altro che una protesi, la simulazione di qualcosa che non c'è piú. L'altro, il sinistro, è quasi socchiuso, piú piccolo, ritratto, celato e protetto dal serrarsi istintivo delle palpebre. È proprio a quell'occhio, il piú minuto, il piú fragile, che entrambi si affidavano per muoversi e intravedere lo spiraglio di mondo davanti a sé.

Osserviamo insieme, ancora per qualche istante, la foto scattata da Bischof. C'è sulla guancia sinistra del ragazzino, poco sotto l'apertura espressiva delle labbra, una piccola piega della pelle. Come se qualcuno l'avesse pizzicata, plasmata, e se ne fosse andato via lasciando il segno di quel gesto. Come se la carne viva del volto fosse stata, in quei momenti, materia malleabile, tenerissima. Anche mio padre aveva un segno simile proprio nello stesso punto.

Cicatrici minuscole e colorate sono sparse su tutta la faccia, in un numero infinito. Sono verdi, viola e azzurrine. Ognuna di loro costituisce un'orma, un indizio, dell'intera mappa delle ferite che sono state inferte e che non sono mai andate via. Lacerazioni rimaste come uno stigma. Un marchio indelebile da portare ogni giorno su di sé.

Seguendone la forma irregolare e dispersa, sul viso di quel bambino, ci sembra di essere in grado, di nuovo, dopo qualche mese, di ricostruire la ragnatela di ferite incise sul volto di mio padre. Ci pare di vedere ancora per poco la complessa articolazione dei segni dolorosi con cui abbiamo preso confidenza e di cui siamo stati testimoni per tutta la vita. E che ora non possiamo piú vedere.

Dico a mia madre che ho ritrovato la cartellina, e le chiedo il permesso di portarla via con me per sfogliare le pagine con calma. Per lei non c'è problema, devo però aspettare qualche minuto perché vuole chiedermi un favore. La vedo uscire a fatica dalla cucina. Quando torna mi consegna una foto in cui mio padre è ritratto, insieme ad altre persone, sorridente sul ponte esterno di un traghetto. Indossa una giacca blu, una luminosa camicia chiara e una cravatta azzurra. Avrà avuto cinquant'anni. Mi chiede se posso farla ingrandire e se si possono cancellare i profili degli sconosciuti. Le è venuta voglia di rivedere il suo volto felice.

3.

Qualche giorno dopo, a una cena tra amici, nonostante la promessa esplicita di tacere sulla guerra, qualcuno degli invitati non resiste alla tentazione di affrontare l'argomento. Cosa succederà adesso? Quanto durerà? A prevalere, tra tutti, è lo spaesamento e il bisogno di condividere le paure e i timori. Ciascuno sente la necessità di capire, insieme, se si può fare qualcosa per evitare il peggio.

Dopo la cena rimaniamo ancora in casa dell'ospite a parlare e a bere qualche bicchiere di vino. Da lí a poco, sulle questioni della guerra, gli animi si fanno accesi. Discutiamo ardentemente, in modo inaspettato, dividendoci come non era mai avvenuto tra noi. Ci troviamo in disaccordo sulle opportunità di intervenire o meno, sull'invio di armi e su altro ancora. Qualcuno fa avanti e indietro tra il salone e il balcone per fumare all'aperto. Per respirare un po' di aria buona. Per evitare che la tensione monti ancora di piú.

Tornando a casa in taxi, anche l'autista, dopo qualche secondo di silenzio, dice la sua sugli avvenimenti piú recenti. Sulle ombre della guerra e sulle conseguenze inattese. Stanno arrivando in città i primi profughi che fuggono dalle terre aggredite. Mi viene istintivo dire che è gente disperata che scappa dalle bombe, che si deve fare qualcosa per loro e per i bambini. Dobbiamo cercare di dargli ospitalità. Fermo alla luce rossa di un semaforo, l'autista mi sorprende ringhiando quasi rabbiosamente: «Che se ne vadano da qualche altra parte».

Le ombre della città. Il richiudersi delle finestre. I passi frettolosi di chi rientra a ora tarda e si guarda intorno circospetto. La strana sensazione che un tempo nuovo, cupo e incomprensibile, si stia facendo avanti.

Una volta in casa, nel silenzio della notte, non resisto alla tentazione di leggere i fogli di mio padre.

Riprendo il racconto dal punto in cui l'avevo interrotto. Una sera accadde qualcosa di particolare. Momia si trovava al pianoterra della casa di Borgo San Michele, dietro il grigio portoncino di legni sconnessi. A sorprenderlo fu il vociare sommesso dei grandi della famiglia vicino all'ingresso. Momia non riusciva a distinguerne i volti e neppure le parole. Sentiva il brusio che cresceva. Il fremere dei corpi. Si avvicinò allora a quelle persone come quando si è attratti da un fuoco o da una luce. Mi sembra di vederlo. Quando fu proprio a un passo da loro, si accorse che gli adulti, con le loro schiene, avevano formato un tondo e si erano chinati verso il centro. In quella voragine di attenzione, al centro esatto del cerchio, si trovava una piccola damigiana. Di fianco, una candela illuminava dal basso i volti che si avvicinavano, uno alla volta, al collo della bottiglia. La luce però era cosí fioca, incerta e agitata, che per Momia era difficile riconoscere i protagonisti di quell'impresa. Uno di loro teneva stretto in mano un fil di ferro piegato a uncino e con quell'attrezzo cercava di estrarre dalla bocca del recipiente dei pezzi di carne, che erano stati precedentemente affogati nell'aceto. Era una pesca minuziosa di frammenti che per quanto scarni, a giudicare dalla concentrazione dei volti che balenavano nell'oscurità, dovevano essere preziosissimi.

Di quel rito misterioso, piú che dal sapore della carne, che qualcuno offrí a Momia a un certo punto, piú che dalla fame che andava tenuta a bada, Momia fu colpito dall'odore pungente del liquido fermentato. Non era tanto il gusto di quel cibo arpionato con meticolosa precisione da chi sapeva che nulla poteva essere sprecato, né la fame sfamata; l'incanto era tutto in quel silenzio, in quel cerchio religiosamente composto intorno alla damigiana. I volti che apparivano e scomparivano al fremere della luce che saliva dallo stoppino della candela.

Momia il giorno dopo, alla luce del sole, provò a cercare la damigiana come se avesse bisogno di accertarsi della verità di quanto aveva visto la sera prima. Cercò il recipiente nel sottoscala e in un altro ripostiglio. Perlustrò con attenzione i ripiani di una credenza. Provò con le dita a infilarsi tra le ante di un armadio. Setacciò avanti e indietro tutta la casa. Proseguí cosí per giorni. Non gli riuscí però di trovare alcuna traccia di quella riserva di cibo.

L'aria fuori era intrisa degli insetticidi che venivano versati nei canali di bonifica. L'acqua da bere sapeva di ferro e creta. Tornava la malaria. La gente si riuniva, litigava e bestemmiava nei freddi stanzoni vuoti e inospitali. Momia rimaneva a guardare i tuberi intrisi di colla appesi ai soffitti delle cucine, vicino alle lampadine, dove le zanzare andavano a morire.

C'era la strada che portava a Littoria, le sirene che suonavano all'improvviso e i paesani che si ammassavano nei rifugi e si sedevano ammutoliti sulle panche. Poi uscivano all'aperto per tornare a respirare.

Un giorno arrivò un carretto davanti alla casa del medico, proprio di fronte all'abitazione nascosta dai grandi alberi rigonfi di mimose. Alcuni uomini, dalle assi di legno, scaricarono il corpo nudo e insanguinato di un ragazzo. Era uno strano frutto quello che giaceva in terra. Caduto da un albero che Momia non aveva mai visto.

Finí in quel modo l'estate del 1943.

Da allora i bombardamenti aumentarono di numero e di intensità. Nel borgo, il parroco fece tagliare la grande quercia davanti alla chiesa di San Michele Arcangelo sperando di rendere piú difficile l'individuazione della struttura ecclesiastica e salvarla dalla distruzione. Renata, la madre di Momia, qualche volta andava a pregare per il marito Alarico. Dal mare arrivarono le navi con carri armati e militari. A febbraio un bombardamento interminabile prese di mira l'abbazia sul Monte Cassino. I tedeschi invertirono le idrovore e distrussero numerosi impianti di bonifica. Si formarono nuovi pantani acquitrinosi, le valli furono inondate. Lungo le strade gli ufficiali medici inglesi fecero affiggere cartelli con scritto Danger Malaria Zone. Da Campoleone a Cassino, tutte le cittadine erano disseminate di soldati delle due parti avverse. I tedeschi cacciarono le famiglie dai casolari sparsi tra i campi. Prima lo fecero con quelli a cinque chilometri dal mare. Poi con quelli a dieci. Momia e la sua famiglia, che erano piú distanti dalla costa, si salvarono. Riuscirono a rimanere in casa.

Momia non sapeva se fossero sufficienti le mura per non farsi raggiungere dal fragore delle esplosioni. Non sapeva se qualcuno con un carro avrebbe portato altri strani frutti davanti alla casa del dottore. Ascoltava i grandi parlare e ne seguiva i gesti con lo sguardo.

In quei giorni incerti trovò il conforto di zio Manlio. Momia gli rivolgeva tutte le domande che gli venivano in mente e lo zio gli rispondeva. Alle volte erano quesiti quasi filosofici ed esistenziali. Altre invece si trattava di interrogativi molto piú concreti. Momia non sapeva neppure se ci fosse una differenza significativa tra gli uni e gli altri.

Nelle ore stanche del pomeriggio, gli capitava di fermarsi a osservare lo zio mentre dormiva. Rimaneva fermo sul ciglio della stanza senza entrare. Sembrava quasi che gli bastasse cosí. Quando Manlio si svegliava, e lo vedeva lí sulla porta, lo invitava a entrare. Per Momia era come se fosse accolto nel piú sicuro e luminoso dei rifugi. Non c'era un altro posto, in casa, in cui si sentisse piú tranquillo e felice.

Allora Manlio afferrava uno specchietto tra le dita. Lo girava e lo rigirava tra il pollice, l'indice e il medio. E poi, a un tratto, quando decideva che era giunto il momento di cominciare, lo direzionava con attenzione verso il sole in modo da proiettare, riflesso, un piccolo disco luminoso sulla nuda parete bianca di fronte. Momia inseguiva con le manine quel palpitare di luce che sfuggiva di punto in punto come fanno le farfalle. Luminose e inafferrabili.

Erano magici anche i baffi neri che lo zio aveva lasciato crescere. Momia alle volte prendeva il coraggio di toccarli. Con le dita incerte ispezionava l'ispida peluria. La sensazione che produceva sui polpastrelli era particolare. Anche i baffi sembravano parte di un gioco misterioso, qualcosa che dipendeva dalle capacità imprevedibili dello zio. Quando Manlio si rese conto del fascino che quei baffi cosí scuri e unici avevano su Momia, disse al nipote che anche lui, da grande, avrebbe potuto comprare dei semi prodigiosi.

Poi avvenne qualcosa. Tra la fine di maggio e l'inizio di giugno 1944 i soldati delle forze alleate cominciarono a prevalere e i tedeschi furono costretti alla ritirata verso nord. La percezione fu che il peggio fosse passato. Manlio, quasi a sancire la fine dei giorni piú bui, decise di raccontare una fiaba a Momia. Lo zio scandí lentamente le sillabe che componevano il titolo di quell'antica cronaca: Ba-tra-co-mio-ma-chia. Il nome stesso era una specie di incantesimo, un abracadabra che sarebbe rimasto nel cavo della fantasia del bambino per tutta la vita.

La cronaca di quei fatti, gli aveva detto lo zio, era stata scritta da un uomo che non vedeva con gli occhi ma con qualcosa di piú grande e piú potente ancora. Si chiamava Omero e quel nome, da allora, rappresentò per Momia qualcuno che aveva la capacità di incantare come nessun altro. La storia parlava della guerra che era intercorsa tra il popolo delle Rane e quello dei Topi. Tutto era accaduto perché sulla riva d'un lago si erano incontrati una rana e un topo e ciascuno di loro era apparso cosí incongruo e strano da innescare nell'altro, allo stesso tempo, la curiosità e il timore. Uno dei due era il re delle Rane e si chiamava Gonfiagote. L'altro era Rubabriciole, il topo figlio del re Rodipane. Erano cosí diversi che si attraevano e si respingevano. Fu cosí, disse lo zio, che Gonfiagote, gracidando, pronunciò queste parole:

Chi sei? Dond'arrivasti, o forestiero?
A questi lidi? E di che stirpe nato?
Fa' che da te mi sia racconto il vero,
E non bugia: ché s'io di me trovato
Degno t'avrò, merotti ove il primiero
Onor ti fia in mia magion portato,
E doni al tuo partir pregiati, e cari
Avrai da me, da peregrin tuo pari.

Lo zio leggeva e quelle parole, per la loro astrusa sonorità, facevano sorridere Momia. Poi Manlio, quasi sorpreso dall'effetto sortito, dissipava il mistero e ricominciava a raccontare la fiaba da capo, questa volta con parole semplici e mimando le forme e gli atteggiamenti degli animali. Narrando a suo modo della rana che chiedeva al topo di dire da dove arrivasse e di chi fosse figlio. Raccomandandogli di non mentire. Perché altrimenti l'avrebbe pagata cara.

Momia vedeva la rana e vedeva il topo sul ciglio del lago che parlavano tra loro. Gli sembrava tutto cosí strano e curioso. Lo zio recitava ad alta voce con il libro in mano:

Il topo allora, O amico mio, rispose,
Perché cerchi mia stirpe inclita, e chiara
Tra le piú in Cielo, e in terra, alte e famose?

Qualcosa, spiegò lo zio a Momia, spinse i due animali ad avvicinarsi. Non si capiva se per diventare amici o per manifestare avversità l'uno all'altro. Gonfiagote invitò Rubabriciole, che aveva paura di ogni cosa, a salire sulla propria groppa con la promessa di fargli fare un bel giro sopra al lago. Rubabriciole era attratto da quella proposta, ma temeva anche un'aggressione. Alla fine, comunque, accettò. Quel che avvenne poi causò un gran pandemonio. Un serpente irruppe nel lago agitando le acque. Allora Gonfiagote, per salvarsi, scantonò, e la manovra fece precipitare il povero roditore nel lago. Rubabriciole annegò senza che la rana avesse il tempo di tornare indietro per cercare di recuperarlo. La guerra, in ragione di quanto accaduto, fu inevitabile.

Lo zio, seduto sul letto, procedeva con la storia, si alzava e poi si risedeva, e dava vita a un'altra dimensione. L'aria entrava dalla finestra del balcone, Momia inseguiva quella corrente che sembrava trasportare le parole dello zio e non sapeva piú se Manlio fosse anche lui un personaggio della favola. Se avesse anche lui la stessa natura immaginaria di Gonfiagote e Rubabriciole. Se fosse reale o frutto della sua fantasia. Lo guardava, e mentre ascoltava, veniva magnetizzato dal suo mento possente e dalla fossetta profonda al centro che gli sembrava la tana piú sicura in cui stare.

In quella fiaba c'erano l'offesa e la risposta all'offesa. L'oltraggio e la vendetta. C'erano le armi per attaccare e quelle per difendersi.

Per elmi, i Topi, da saggi guerrieri, avevano scelto dure scorze di noci. Le Rane invece si erano coperte le terga e il petto con verdeggianti biete. Come scudi brandivano grandi foglie di cavolo. A protezione della testa avevano delle conchiglie leggere e, per combattere, impugnavano dei giunchi appuntiti.

L'armata topesca e l'esercito ranocchiesco si affrontarono, cosí bardati, in continue battaglie, mentre pure le Zanzare incitavano alle armi. Chi non si era armato subito, si apprestava a farlo al piú presto. Fu tanto il trambusto, diceva lo zio Manlio, che il tumulto esploso in terra raggiunse persino Giove.

La fiaba terminava con il tramonto del sole sul campo di battaglia, quando le Rane stavano per essere sopraffatte. Fu allora che gli dèi decisero di intervenire. I Granchi Neri bicefali da loro inviati riuscirono a mettere in fuga i Topi. Finí col fin d'un dí, quest'aspra guerra.

4.

La piccola ferita nel palmo della mano è ancora aperta, in farmacia la dottoressa dice che devo avere pazienza. La disinfetti tutti i giorni, suggerisce. Vedrà che la scheggia uscirà da sola. Di lí a poco intravedo qualche piccolo miglioramento: riesco a usare la mano per lavarmi o prendere una pentola, ma quando la poggio con il palmo aperto oppure esercito una piccola pressione, sento di nuovo la fitta proprio in quel punto. Deve essere l'estremità appuntita della scheggia che, dall'interno, spinge contro la carne della mano.

Durante il pomeriggio ricevo una telefonata dal laboratorio fotografico. È pronto l'ingrandimento dell'immagine di mio padre. Il mattino seguente, al negozio, il tecnico mi spiega che è riuscito a rimuovere le figure che nello scatto sono vicine o alle spalle di mio padre. Lo vedo sfilare la fotografia da una busta bianca. Ha ragione. Grazie alle modifiche il volto si vede piú chiaramente. La fotografia è stata scattata un mattino in cui lui e mia madre erano partiti per Capri. Uno dei rari viaggi di piacere che si erano concessi. Quando arrivo a casa di mia madre inseriamo l'ingrandimento in una cornice e la sistemiamo in un angolo della libreria dello studio, in un punto spesso illuminato dai raggi del sole.

Vedo mia madre avvicinarsi alla porta finestra che dà sul balcone. È un gesto che era solito fare lui. Amava sentire il calore del sole sul volto, sulla pelle screziata dalle cicatrici. Negli ultimi anni di vita, restava fermo, vicinissimo al vetro, senza neppure aprire l'anta. Con il viso verso l'alto. Pur senza vederla, cercava sempre la luce.

Lo ricordo giovane padre a torso nudo mentre camminavamo insieme, sulle strade d'Abruzzo. Lui davanti e io dietro. Partivamo dalla casa di Ofena, il paese in provincia dell'Aquila dove era nata sua madre e dove trascorrevamo l'estate. Salivamo fino alla chiesa abbandonata e ancora piú su, dove non c'era piú nulla, se non le rocce e i fusti striscianti di timo. Non sapevo neppure quanto riuscisse a vedere e quanto invece sfuggisse al suo sguardo. Non sapevo quanto fossero pericolose quelle spedizioni. Saliva rapido, nonostante tutto. Poi, a un certo punto ci fermavamo. Allora lui si distendeva su una roccia per esporsi al sole caldo, secco e asciutto. Rimaneva cosí, immobile, per un tempo che a me pareva interminabile. Disteso e a petto nudo con la pelle a contatto con la superficie scabra e arroventata della pietra. Sembrava un naufrago che, scampato il pericolo, aveva bisogno di asciugare tutta l'umidità penetrata nelle ossa.

Nella grande libreria dello studio, dove abbiamo sistemato la foto, scorro con lo sguardo i romanzi di mio padre. Ignazio Silone, Beppe Fenoglio, Cesare Pavese. Erano i suoi preferiti. Nei ripiani piú in alto ci sono le enciclopedie, i dizionari etimologici e i vocabolari in volumi che si faceva leggere non appena poteva. Piú in basso, i numerosi volumi della Bibbia, con il dorso rosso e le lettere dorate, che lui aveva letto e riletto negli ultimi anni di vita. L'aveva acquistata ordinandola presso uno stampatore specializzato e l'aveva attesa a lungo. Dopo settimane era arrivata in grandi scatoloni di cartone che aprimmo insieme. La Bibbia era stata un approdo tardivo. Un'isola su cui aveva rinvenuto qualcosa che altrove non riusciva piú a trovare.

Era realizzata in braille, la scrittura composta da combinazioni di puntini a rilievo che formano lettere e parole da leggere scorrendovi sopra le dita. Molto meglio degli audio libri, mi aveva confessato piú volte. Molto meglio dei suoni robotici e artificiali elaborati dai marchingegni informatici capaci di trasformare in voce ogni testo.

Solo tornando a leggere con le dita in età matura, cosí come aveva fatto da bambino, gli era possibile ascoltare chiaramente la voce che gli girava in testa, l'unica a cui ormai, in quel tempo, aveva la pazienza di prestare attenzione.

Poggiava aperto il voluminoso tomo sulle cosce e con entrambe le mani si muoveva lentamente sulla pagina rugosa. Da destra a sinistra. Bastava poco e, grazie all'azione minuziosa dei polpastrelli, nella sua mente vedeva le parole. Alle volte, mentre leggeva, sorrideva o annuiva con il capo. Sembrava quasi che si nutrisse, che dalle mani passasse una linfa di cui noi non conoscevamo la vera natura.

Tra le storie della Bibbia una in particolare gli era rimasta impressa. Una che gli piaceva raccontare di frequente. Come se ripetendola potesse mandarla a mente o infine capirla meglio. Era un episodio legato a Re Salomone, il terzo re d'Israele. Il saggio per eccellenza. Era l'apologo crudele e dolcissimo delle due prostitute che si presentano al cospetto di Salomone con un dilemma.

Le due donne vivono nella stessa casa e, a distanza di alcuni giorni l'una dall'altra, partoriscono un bimbo. Una notte, però, uno dei due neonati viene trovato morto. Non per cause naturali. L'impressione è che si sia trattato di un incidente o di qualcosa di piú cruento ancora. All'interno della loro dimora non ci sono estranei. Solo le due donne. Una delle due, probabilmente per la stanchezza, si è addormentata con il proprio corpo sul figlio, e ha finito per soffocarlo.

Ricordo che mio padre raccontava l'episodio con fervore. La parabola accendeva la sua parte razionale e allo stesso tempo smuoveva qualcosa all'interno del suo inconscio. Le storie di quel tipo lo appassionavano. Facevano fiorire nuove idee mentre dentro scalfivano la parte piú intima di sé. Spingevano a pensare e, intanto, aprivano una ferita.

Entrambe le madri, rivolgendosi a Re Salomone, sostengono che il bimbo morto sia il figlio dell'altra donna, che ci si è coricata sopra senza accorgersene. Ognuna sostiene che l'altra abbia scambiato poi il proprio bimbo privo di vita con quello ancora vivo. Al cospetto di Re Salomone ciascuna di loro rivendica per sé il neonato in salute. Ciascuna chiede che l'altra, per l'orrendo gesto compiuto, subisca una punizione esemplare.

In quegli istanti, senza rendersene conto, mio padre indossava i panni che molti anni prima erano stati dello zio Manlio. Pronunciava con precisione ogni piccola frase, e mentre proseguiva nel racconto, sembrava che anche lui stesse scoprendo quella storia per la prima volta. Ai miei occhi, era chiaro che tutta quell'attenzione, tutta quella passione, celasse qualcosa di personale che gli stava a cuore.

Si fermava sempre qualche istante prima che il dilemma arrivasse allo scioglimento. Sorrideva. E quasi piegava il capo da un lato. Quel sorriso era la manifestazione del piacere puro che provava per quella storia.

Dopo una pausa a effetto riprendeva il racconto. Salomone, sentite le due donne, fa portare una spada e ordina che con quella il bambino sopravvissuto venga separato in due parti uguali. A ciascuna donna verrà consegnata una metà. Dividere in due la creatura significa ucciderla. Che senso ha una scelta del genere? Come può un Re rispettato per la sua saggezza proverbiale suggerire una soluzione cosí empia?

A quel punto, allora, una delle due donne si fa avanti gridando disperatamente, supplicando di salvare il bambino sopravvissuto e di consegnarlo all'altra. Urla che la madre è l'altra. Che il bambino deve rimanere in vita.

Il gesto di amore disperato e di altruismo materno è la chiave di ogni cosa.

Grazie a quello scoppio improvviso e straziato di dolore, Salomone capisce chi è la vera madre del bambino.

Quella dimostrazione di bene disinteressato, pronto al piú grande sacrificio, lo spinge alla decisione definitiva: «Date a costei il bimbo vivo ma non l'uccidete, questa è sua madre!»

Ogni volta che la raccontava – che fossi io l'ascoltatore di turno, mia madre o suo nipote Matteo – era chiaro che, oltre alla gioia pura suscitata dalla sorpresa, c'era qualcosa, in quella storia arcaica, che lo toccava in maniera particolare. Che lo commuoveva.

In quella donna, mio padre con molta probabilità intravedeva il profilo della persona a cui era piú legato.

Il primo ricordo che Momia aveva di sua madre risaliva a un giorno d'estate nella casa di Borgo San Michele. La donna camminava al centro di una stanza piena di luce. Lui si teneva aggrappato con la mano sinistra all'orlo della gonna. Doveva essere una domenica mattina. O comunque un giorno di festa. Perché la madre, durante la settimana, lavorava nel polveroso ufficio postale di Borgo San Michele.

Quando Renata, nel settembre del 1942, si trasferí con i figli nel piccolo centro dell'Agro Pontino, aveva ventisette anni. Non era stato facile per lei giungere fino a lí. Aveva vissuto già alcune vite. Aveva già affrontato, piú di una volta, i rovesci del destino. Quel periodo corrispondeva al terzo capitolo del suo percorso esistenziale.

Il primo lo aveva trascorso fino all'adolescenza tra le case di Ofena, il paese collinare in Abruzzo dove era cresciuta con la famiglia. A quel paese, a quella valle piena di mandorli che, con i loro arbusti magri, fiorivano di rosa e di bianco, la donna sentiva di appartenere come a nessun altro luogo. Ofena era il paese che amava e che, però, aveva abbandonato. Si era lasciata alle spalle le pieghe delle colline per andare nel capoluogo regionale.

Il capitolo successivo della sua giovane esistenza, lo aveva vissuto a L'Aquila. Si era sposata e aveva nutrito la speranza di una vita piena e felice. Il marito, Alarico, era un impiegato. Un uomo semplice che si accontentava di una partita di pallone o di una pellicola di Stanlio e Ollio.

Come tutti i giovani padri, Alarico era orgoglioso dei figli e, quando nei giorni di festa passeggiavano sotto i portici affollati, portava a turno sulle spalle prima Momia e poi Meri, come se dovesse mostrarli a un'esibizione. Belli come erano. Belli come apparivano a lui.

Renata non sapeva cosa l'aspettasse. La chiassosa luminosità di quei giorni durò solo qualche mese. La sua traiettoria esistenziale, scossa dalla forza centrifuga del destino, la condusse sempre piú lontana da quel nucleo originario. Piú distante dal paese dove era nata, piú distante dalla valle, e dalla città dove si era sposata. Sempre piú lontana da ciò che le dava conforto.

Si ritrovò immersa nella verde tranquillità di Sondalo. In Valtellina l'aria pura veniva prescritta insieme alle acque dalle proprietà curative per il male che aveva reso fragile il marito. La giovane coppia, a quel tempo, pensava che la guarigione avesse ancora dei varchi aperti.

Il biancore delle lenzuola dei letti schierati, le giovani donne in divisa, le finestre ampie e i corridoi interminabili lasciavano ben sperare.

Presto però la fiducia in quelle cure, in quei sostegni, in quelle vie d'uscita si dissipò. Fu tutto molto rapido. E feroce. Renata rimase al fianco del marito fino alla fine. Alarico si spense nella bolgia di lamenti inutili, isolati dal mondo esterno, sulle scale di marmo dell'ospedale Forlanini a Roma il 22 ottobre 1942.

Lei portò a lungo, dentro di sé, il ricordo di lui.

Per Momia fu piú difficile. Anche da grande provò a perlustrare con attenzione la selva intricata della propria memoria alla ricerca di un'immagine, di un'eco di voce del giovane padre. Tentò piú volte di recuperare un gesto, una mano tesa, il sorriso distratto o anche solo un profumo, la trama del tessuto di una giacca, il colore degli occhi o il registro della voce. Ma non ci riuscí mai. Fu troppo breve il tempo di vita che avevano vissuto insieme. I frammenti che cercava si erano già dissolti. L'amore paterno non ebbe il tempo di affondare le radici nella sua memoria. Sentí nascere però un sentimento etereo e persistente. Non una rabbia cupa, o un dispiacere, per ciò che non poté essere vissuto. Al contrario covò dentro di sé, per quel padre giovanissimo, un certo tipo di amore. Forse lo stesso che la madre provava per lui. Come se Momia, cosí piccolo, defraudato di qualsiasi ricordo concreto, avesse la forza di proteggere quel giovane uomo spezzato dalla malattia.

5.

Un figlio e un padre. Quando ero bambino, pur senza rendermene conto, lo avevo osservato a lungo. Girando al largo, rimanendo a distanza, come forse aveva fatto lui con suo zio Manlio. Ero rimasto anch'io fuori dalla porta a guardarlo mentre se ne rimaneva assorto, seduto alla scrivania, ad ascoltare la radio. Mi chiedevo cosa fosse accaduto. Chi gli avesse lasciato quei segni. Ed ero come Ismaele quando vide Achab sul cassero e per la prima volta si accorse di quel viso e di quella cicatrice. E come si stupí lui di Achab, mi stupivo anch'io della forza che mio padre emanava nonostante tutto. Avevo anch'io, di mio padre, l'impressione di un uomo che fosse stato tolto dal rogo quando il fuoco gli aveva devastato le membra, senza però fiaccarne la robustezza.

Ciò che c'era sul volto di mio padre somigliava alla cicatrice di Achab. Aveva le sembianze del segno che lascia il fulmine quando colpisce la corteccia di un tronco e la spella, la scava, ma non la incenerisce. Ne intacca la polpa, ma lascia la pianta verde di vita. Seppure segnato, mio padre era ancora verde di vita.

La mimosa, leggo nelle pagine successive del suo resoconto, tornò di nuovo a fiorire. Il suo profumo dolciastro si diffuse nell'aria.

Momia fu colto dal desiderio di uscire dal gomitolo di case di Borgo San Michele per scoprire cosa ci fosse al di là. Lo zio gli insegnò a orientarsi svelandogli i nomi dei quattro punti cardinali, gli stessi a cui si affidavano gli antichi esploratori durante le grandi spedizioni. La bussola serviva non solo per andare nei luoghi lontani del mondo, come i Poli o le vette piú alte, ma anche per orientarsi tra le case del piccolo universo che si espandeva intorno al prato verde di erba incolta in cui vivevano.

Zio Manlio gli indicava dove nasceva e dove moriva il sole, gli diceva dell'est e dell'ovest. Gli parlava del nord e del sud. Di terre vicine e di altre remote. Di chi abitava dove lo sguardo si perdeva e di chi parlava lingue sconosciute. Il mondo intero, dopo quelle spiegazioni, divenne meno illeggibile, e allo stesso tempo ciò che era vicino prese una forma piú attraente e quasi esotica.

A Momia venne voglia di inoltrarsi oltre i poderi e al di là delle case. Dopo qualche insistenza, finalmente la madre gli concesse l'occasione di una prima avventura. Insieme a sua sorella Meri sarebbe andato a prendere l'acqua alla fonte. Renata gli diede un secchio e si raccomandò di fare attenzione. Una volta riempito, dovevano portarlo indietro infilandolo in un bastone di cui ciascuno avrebbe tenuto un'estremità, cosí da spartirsi il peso del secchio pieno d'acqua.

I due bambini si incamminarono lungo la strada sabbiosa. Il vento di libeccio arrivava dal mare, batteva sulle onde e si spingeva fin dentro l'entroterra. Lungo la strada non c'era quasi nessuno. Momia era sorpreso dal riflesso bianco, accecante, che il sole produceva nell'ora calda e da alcune figure che si muovevano all'orizzonte come miraggi.

Una volta arrivati alla fonte, si rinfrescarono e bevvero a grandi sorsate. Meri riempí il secchio e fece passare il bastone sotto al manico, come aveva spiegato la madre. Ne consegnò allora un'estremità al fratello e l'altra l'afferrò lei. Si sorrisero e soddisfatti presero la via del ritorno. Qualcosa però non andò come si aspettavano. Mentre camminavano l'acqua, a ogni passo, usciva dal secchio. Se fossero tornati a casa con il contenitore vuoto la madre, erano certi, avrebbe cambiato idea e non li avrebbe piú investiti di quella piccola responsabilità. Si fermarono piú volte, ma non riuscirono a impedire che l'inconveniente si ripresentasse.

Il tempo dovette scorrere lentissimo. Erano da soli forse per la prima volta. Molto lontani da casa. Senza che qualcuno potesse aiutarli. Tornarono indietro alla fontana e riempirono di nuovo il secchio. Rimasero un poco a guardarsi. Poi forse fu Momia, forse fu Meri. Si dissero qualcosa. Pensarono alla strada e alla sua strana conformazione. Pensarono alla loro altezza cosí diversa e all'improvviso ebbero un'intuizione. Momia, che era piú piccolino, si sistemò al centro della strada, dove una specie di gobba del terreno gli faceva recuperare centimetri, mentre Meri andò lungo il margine destro che declinava verso il fossato. Camminando in quel modo, dal secchio non fuoriuscí piú neppure una goccia.

Quando arrivarono a casa, Momia provò la sensazione di aver portato a termine un'impresa memorabile. Di quella giornata, invece del timore che aveva sperimentato lontano da casa, ricordò il coraggio febbrile che li aveva spinti a tentare ancora. Di notte pensò tutto il tempo alle avventure che lo aspettavano. Ai mondi che avrebbe visitato. Alle luci e ai colori che avrebbe ammirato con i propri occhi.

Arrivò cosí la mattina del 22 luglio 1945. Era una domenica calda come poche altre. Si registrarono quasi quaranta gradi. Veniva voglia di uscire di casa e cercare il fresco della brezza marina. Lo zio Manlio propose, per sfuggire alla canicola, di accompagnare i due nipoti alla spiaggia di Capo Portiere. Sarebbero andati in bicicletta. Avrebbe fatto sedere i bambini su una specie di tavoletta che fungeva da canna. Momia era felicissimo. Non vedeva l'ora di partire. Renata fu contenta di concedere al fratello l'autorizzazione per quella gita.

La bici, con sopra Manlio, Momia e Meri, corse attraverso i poderi, si infilò tra le case sparse e scivolò lungo le staccionate. I pioppi tremavano lungo i fossati. Il vento e la velocità formavano insieme una lunghissima scia di colori. Percorsero cosí poco piú di dieci chilometri.

In spiaggia Momia trovò le grida degli altri bambini e l'affollata frenesia di gambe. Le corse a perdifiato sulla battigia, il soffio del vento di libeccio e i bagliori d'acqua. Fu ammaliato dalle onde che si rigiravano nel letto luminoso del mare. Seguí all'orizzonte l'apparire e lo scomparire di alcune vele bianche. I confini del mondo erano ancora piú ampi di quanto non avesse creduto fino ad allora.

Arrivò il pomeriggio e il tempo di tornare. Momia risalí verso la strada camminando con Meri dietro lo zio. Aveva ancora sulle labbra il sapore salino dell'acqua di mare e la sabbia tra le dita e nei capelli. Un camion, poco piú avanti, si muoveva lentamente nello spazio davanti a una casa con la facciata gialla, parzialmente diroccata. Momia lo vide procedere in retromarcia per uscire dal cancello e immettersi sulla strada che portava fino al borgo. Lo zio chiamò i nipoti vicino a sé. Con i palmi delle mani aperti all'altezza del petto dei due ragazzini, si accertò che non scantonassero da qualche parte.

Forse per un istante pensò di farli salire subito in bici e di mettersi in viaggio. Era piú tardi di quanto avesse concordato con Renata. Poi però dovette pensare che fosse piú prudente aspettare al margine della strada e lasciare che l'autocarro portasse a compimento la manovra. Fu questione di istanti, di pensieri inconsapevoli. L'automezzo si mosse ancora pianissimo in retromarcia. Meri, sempre vicina allo zio, era distratta dalla natura e dalla dolcezza di quel giorno luminoso. Colse un fiore bianco da un cespuglio di oleandro e lo porse al fratello. Momia allungò la mano e strinse il fiore tra le dita. Lo guardò sorpreso per il biancore magnifico. Avvicinò le narici verso i cinque petali e la corolla tubolosa per sentirne il profumo.

Ogni cosa, allora, venne travolta. Il boato fu improvviso e interminabile. Volarono frammenti e schegge. Molti passanti caddero a terra. Altri furono sbalzati via dall'urto. L'autista del camion e i colleghi di lavoro, a bordo con lui, furono ingoiati dall'esplosione. Cosí tutti gli altri, piccoli e anziani, che si trovavano lí per caso, fermi ad aspettare che il camion terminasse la manovra.

Neppure Momia riuscí a scamparla. Neppure Meri. Neppure Manlio.

Le grida, il sangue e la paura. Il frastuono e poi il silenzio. E di nuovo il frastuono. Arrivarono i soccorsi. Alcuni feriti vennero trasportati all'ospedale. Per qualcuno non ci fu niente da fare.

Era cosí che il frutto cadeva dall'albero.

La mina sotterrata nei pressi della spiaggia di Capo Portiere era conosciuta dai militari per la sua efficacia. Era una *Schrapnellmine*, la bomba delle schegge. La sua particolarità stava non tanto nella potenza quanto nella modalità dell'esplosione. La deflagrazione non era immediata, ma seguiva di qualche secondo l'istante in cui la mina veniva toccata. In questo modo il suo corpo centrale aveva il tempo di fuoriuscire completamente dal terreno, cosí che le schegge potessero irradiarsi piú liberamente e colpire il maggior numero di persone.

Il meccanismo, anche quel pomeriggio, aveva seguito l'inesorabile sequenza prestabilita. Prima c'era stata la pressione delle ruote del camion. Poi il segnale rilevato dagli spuntoni posti sulla cima dell'ordigno si era propagato attraverso una serie di molle e, nel giro di quattro secondi, aveva innescato una piccola carica propellente sistemata sul fondo della mina cilindrica.

Quando quella era entrata in azione, il corpo detonatore centrale era schizzato in alto fuori dal terreno a una distanza verticale dal suolo compresa tra i novanta centimetri e il metro e mezzo. Solo allora, dopo circa cinquanta centesimi di secondo dalla fuoriuscita, quando piú o meno si trovava all'altezza della vita di un uomo adulto o del suo petto, era avvenuta la detonazione della carica principale. In quell'istante quasi quattrocento pallini di acciaio, piccoli frammenti e schegge volarono in tutte le direzioni.

La bomba non era stata ideata per fare vittime, non era stata messa a punto per uccidere, ma per ferire i corpi, dilaniare le membra, deturpare i volti. Per lasciare inciso il segno indelebile della guerra. Sembra che la decima armata tedesca, durante la ritirata dal fronte dell'Agro Pontino, abbia seppellito piú di ventitremila mine di quel tipo.

L'ospedale Santa Maria Goretti di Littoria, che distava circa otto chilometri dalla spiaggia di Capo Portiere, si rivelò subito inadeguato. Le schegge, i pallini e le centinaia di frammenti di acciaio avevano colpito diffusamente il corpo, le braccia e il volto di Momia e Meri. Soprattutto avevano straziato i loro occhi. Poiché nella struttura mancava un centro oculistico attrezzato, si ritenne necessario trasferire d'urgenza i due bambini al reparto specializzato del Policlinico Umberto I di Roma.

La macchina su cui viaggiavano percorse rapidamente il tragitto verso la città. Era ormai quasi sera. Barlumi di luce, sprazzi di mondo, di colori comparvero, e sparirono brevemente, sulla retina dei due fratelli. La vettura attraversò il centro di Cisterna e superò Velletri. Dopo Ariccia e Albano imboccò l'interminabile discesa che portava a Roma.

Meri riusciva ancora a vedere i filari di alberi che costeggiavano la via Appia Nuova. Momia intravedeva la luce dei fari rimbalzare sugli anelli di vernice bianca pitturati nella corteccia dei tronchi. I bordi della strada che scorrevano veloci, l'urgenza che spingeva ad accelerare i tempi. Dopo il ponte ferroviario della linea Roma-Napoli incrociarono, sulla destra, le case raggruppate, basse e gialle, della borgata Italo Caroni. Da lí, in pochi istanti, la città gli venne incontro tutta insieme.

6.

Dalle parti di Borgo San Michele vive ancora un mio cugino. Si chiama Tommaso. Abbiamo piú o meno la stessa età. Non lo sento da quando eravamo ragazzi. Sua madre Nicla è la figlia di Lidia, la sorella di Renata. Sono venuto a sapere che ha cercato di far mettere una targa proprio nel punto in cui avvenne l'esplosione. Per qualche motivo però non ho voglia di sentirlo. Prendo l'auto e guido verso Latina. Poi da lí percorro via dei Monti Lepini, fino al borgo dove aveva vissuto mio padre. Per tutto il viaggio, un'ora e mezza circa, sento una vena pulsare sulla tempia destra. È un pensiero fisso da cui non riesco a distrarmi.

Quando arrivo, dopo aver trovato parcheggio, faccio qualche passo. È già pomeriggio e sento la piacevole frescura della sera accarezzarmi il viso. Domando a una donna se sa dove si trova la chiesa di San Michele Arcangelo. È minuta, con lunghi capelli lisci biondo cenere. Potrebbe avere trent'anni o poco piú. Dice che la chiesa è vicina, una manciata di minuti a piedi. Decide di accompagnarmi e mentre ci incamminiamo mi racconta di esserci stata a messa la domenica appena passata. L'edificio è sistemato in uno slargo molto ampio. Davanti c'è un piccolo ulivo con un cerchio di pietre bianche intorno al tronco. A guardarla ora, sembra che la chiesa, in quel tempo lontano, sia stata infine risparmiata. Forse il prete, sacrificando il grande albero, era riuscito a perseguire il proprio obiettivo.

Chiedo alla donna se conosce la storia del parroco e dei bombardamenti che martoriarono questa zona molti anni fa. Non ne sa nulla, è arrivata in Italia solo da pochi mesi. Viene dalla Romania, da un piccolo paesino della Bucovina, al confine con l'Ucraina. Lavora a Roma, ma da qualche giorno è qui in visita presso certi suoi conoscenti. Le racconto brevemente cosa mi ha spinto a Borgo San Michele. Le domando se i suoi familiari sono con lei. Rimaniamo a chiacchierare ancora un po'.

Parliamo inevitabilmente della guerra. La giovane donna mi confessa che ha paura per il figlio di undici anni rimasto in Romania. Vuole andarlo a prendere al piú presto e portarlo con sé in Italia. Sfila il telefono dalla tasca e, sullo schermo luminoso, mi mostra una fotografia del ragazzino. Le unghie colorate sfiorano gli adesivi sulla cover dello smartphone. Ora che sono piú vicino mi accorgo che è piú giovane di quanto pensassi. Sembra quasi una ragazzina. Vedo il sorriso furbo e lo sguardo vivace del figlio. La t-shirt a maniche corte con le righe orizzontali bianche e blu. Poi ci azzittiamo entrambi. In fondo, penso, siamo due estranei.

Le chiedo se sa indicarmi l'ufficio postale. È al piano terra di una palazzina di tre piani poco distante. Non è certo quello in cui aveva lavorato Renata, la madre di Momia. Mentre mi perdo in questa considerazione, veniamo sorpresi dalle urla improvvise che arrivano dall'altra parte della strada. Una coppia, poco distante da noi, ha cominciato a litigare.

Vattene via! Lasciami! Non mi toccare! Vattene via!

Lo scambio verbale si fa sempre piú acceso, poi, come se fosse una messa in scena, l'uomo e la donna si mettono a ridere ed entrano in un supermercato. Rimaniamo qualche secondo imbarazzati davanti a quella scena inspiegabile.

Siamo molto vicini, uno di fronte all'altra. La giovane donna tiene le braccia incrociate davanti al petto e guarda altrove, girando il capo alternativamente verso destra e verso sinistra. Forse ha freddo, oppure ha un appuntamento e sta aspettando qualcuno. Allora le dico che è stato un piacere conoscerla, la saluto e la lascio andare.

Ricordo che un giorno, avrò avuto dieci o undici anni, piú o meno l'età del figlio della giovane romena, fui testimone involontario di una lite tra mia madre e mio padre. Lui svelò, in quell'occasione, una rabbia che non conoscevo. A un certo punto, per chiudere la contesa, disse: «La porta è aperta, te ne puoi andare quando vuoi». Un oltraggio, un'offesa che non pensavo potesse mai uscire dalle sue labbra. Ero convinto che mia madre si sarebbe alzata e se ne sarebbe andata. A me, allora, che non conoscevo il compromesso, il dolore, la sottile sopraffazione, sembrava la cosa piú logica da fare. Ero sicuro che mia madre avrebbe fatto le valigie. Eppure non successe nulla. Calò solo il silenzio. Il giorno dopo la vita riprese a scorrere identica a prima, come se quelle parole non fossero mai state pronunciate. Ciascuno di loro, sapevo, era stato ferito a modo suo. Non era facile, a quell'età, capire da quale parte stare.

Dalla piazza, dal punto in cui mi trovo, vedo ancora la donna romena. Cammina veloce sul marciapiede prima di svoltare a un angolo. Invece di avviarmi verso l'ufficio postale, salgo in auto e metto in moto. Giro a caso tra le vie del borgo, poi decido di uscire dal paese. Mi metto a guidare, con i finestrini aperti, attraverso i campi, tra i canali e i casolari. Le magre figure degli indiani sikh, con i loro turbanti, pedalano in bicicletta sul ciglio della strada. Li vedo sfilare come ombre. Uno dietro l'altro. Stremati dalla lunga giornata di lavoro nei campi, devono faticare ancora sulle due ruote per fare ritorno alle loro abitazioni.

Vado verso il mare. Percorro, senza avere una meta precisa, le lunghissime vie a una corsia per senso di marcia che puntano la costa. Non ho nessuna intenzione di andare verso Capo Portiere, non ho voglia di cercare il luogo dell'esplosione. Costeggio il mare a bassa velocità, quasi a passo d'uomo. La strada è interamente ricoperta di sabbia. Da allora è trascorso cosí tanto tempo. Mi fermo. A un passo dal mare, mentre imbrunisce.

Rimango cosí, senza pensare a nulla, per qualche minuto con il finestrino aperto in compagnia dello sciabordio delle onde. Dopo faccio ritorno a casa percorrendo anch'io l'Appia Nuova, come aveva fatto mio padre quella sera di ottanta anni prima. Passo davanti all'ippodromo di Capannelle e poi supero le case dello Statuario.

È già notte.

La sera dell'esplosione, Momia si ritrovò da solo in una stanza del reparto di oftalmologia del Policlinico di Roma. Lui e Meri erano stati separati. La struttura neorinascimentale, costruita agli inizi del Novecento, era composta da due padiglioni, uno destinato alle donne e l'altro agli uomini.

Il mattino successivo, i rumori che dalle finestre affacciate su via Lancisi e su via del Policlinico salivano alle sue orecchie erano segnali sonori indecifrabili e sconosciuti. La soglia dello sguardo, già ingombra e socchiusa, rendeva ogni cosa ancora piú incerta. Tutto divenne elusivo.

Ciò che Momia aveva visto fino ad allora un giorno dopo l'altro si rapprese in un nocciolo segreto che scomparve inghiottito nel fondo di sé. Irrecuperabile. Eppure indelebile. Il mondo che era stato la sua infanzia: il verde del prato striato dai viottoli bianchi; la casa del medico che si nascondeva dietro gli alberi di mimosa; il banco delle carrube davanti all'abitazione dei vicini con la ringhiera celeste; la bassa costruzione dove venivano riparati i macchinari agricoli; le strade ricoperte di sabbia che si accendevano al sole estivo; i poderi d'intorno che punteggiavano di senape la campagna desolata dell'Agro Pontino. Lo scenario cromatico di Borgo San Michele, che Momia aveva scrutato dalla finestra della cucina ogni giorno, divenne grumo, escrescenza, tesoro perduto e ricchezza inestimabile.

Lungo i corridoi del reparto, un uomo con un pigiama celeste faceva spesso avanti e indietro. Momia, a cui era rimasto un minuscolo residuo visivo, seguiva la sua ombra mentre quello cantava «Solo me ne vo' per la città, passo tra la folla che non sa...» La tiritera di Natalino Otto quell'estate era sulla bocca di tutti. Le parole della canzone, che raccontava la storia di un amore perduto, dentro l'ospedale, dopo tutto ciò che era successo, assumevano un significato piú articolato, forse piú sinistro.

Nell'altro padiglione, piú volte Meri disse alla mamma di voler tornare a Borgo San Michele. La bambina le ripeteva che voleva andare via subito, perché lí in ospedale era sempre buio. Renata la tranquillizzava, presto si sarebbero ritrovati a casa tutti insieme. Quale forza riusciva a trovare dentro di sé per costruire una barriera che impedisse alle sue preoccupazioni di raggiungere la figlia. Andiamo via, mamma. Andiamo via, qui è sempre buio.

Ogni volta che Momia incrociava la figura approssimativa dell'uomo con il pigiama celeste, dando libero sfogo all'esuberanza superstite e sfacciata dei suoi cinque anni, non mancava mai di rispondere alla tiritera di Natalino Otto che quello canticchiava con un'altra cantilena: «Mannaggia la guerra, mannaggia Mussolini, mannaggia Mussolini, mannaggia la guerra».

7.

Negli stessi mesi in cui Momia era ricoverato al Policlinico, Werner Bischof decise di andare a vedere ciò che era successo fuori dalla Svizzera. Aveva ventinove anni e la guerra l'aveva vissuta sulle vette delle Alpi nelle fila dell'esercito neutrale svizzero. Aveva accumulato piú di ottocento giorni di guardia senza mai essere stato su un campo di battaglia. Un velo molto sottile lo aveva separato dalla tragedia. Qualcosa che, pur avendolo protetto, lo aveva anche lasciato indifeso. Nei suoi diari si era interrogato spesso su cosa, lui e i suoi coetanei, potessero escogitare per sopportare quel tipo di sciagura.

Dopo la fallimentare fuga a Parigi, e dopo il rientro per colpa della guerra, Werner non era piú uscito dalla Svizzera. Avrebbe potuto continuare cosí: poteva andare ogni giorno al laboratorio fotografico che aveva aperto da poco; trarre conforto dalle prime affermazioni professionali e farsi bastare i franchi che gli entravano per i lavori già commissionati in buon numero; informarsi sulle conseguenze della guerra leggendo la prestigiosa «Neue Zürcher Zeitung»; sfogliare le pagine culturali della domenica e poi fare una gita in montagna. Poteva vivere cosí, come avevano iniziato a fare molti suoi coetanei, restandosene a Zurigo. Felici, in fondo, di essersi salvati. Di averla scampata. Avrebbe potuto, ma, per qualche ragione, non si accontentò.

Werner era curioso. Uno di quei giorni lesse, in un articolo di giornale, che andare dalla Svizzera in Germania era come lasciare la terra ferma per spingersi in mare aperto. Voleva dire trovare qualcosa di mai visto prima. Werner rimase impressionato. Forse furono proprio quelle parole a far scattare la molla. Partí con uno zaino, una piccola valigia e un abito pesante. Ovviamente portò con sé anche due macchine fotografiche: una Rolleiflex e una Leica.

In sella alla bicicletta uscí dal suo appartamento il mattino del 5 settembre 1945. Raggiunse presto il confine tra Svizzera e Austria, a Sankt Margrethen, nel distretto di Rheintal. Il passo si trovava a circa quattrocento metri di altitudine, sulle sponde meridionali del lago di Costanza. Era uno di quegli avamposti in cui era stato dislocato durante la guerra. Gli sembrò di ricordare con precisione tutto ciò che aveva visto allora: la confusione durante la ritirata delle truppe tedesche; i volti emaciati dei soldati, i corpi delle vittime. Quel mattino, invece, il passo era quasi deserto. C'era una nebbia leggera. Da lontano si riconoscevano i turbanti bianchi dei soldati marocchini. Al primo varco trovò un posto di blocco dove i militari se ne stavano fermi, quasi appoggiati alla sbarra. Un ragazzo alto e diritto come un albero gli prese il documento dalle mani. Era armato, anche se aveva un sorriso gentile. Mentre si allontanava, Bischof lo sentí canticchiare una melodia che rimandava alla sua terra d'origine, e che Werner aveva ascoltato sulle frequenze di Radio Algeria. Bischof aspettò un poco, prima di ottenere il passaggio. Da lí arrivò fino a Höchst, un altro avamposto pieno di soldati marocchini. All'altezza del ponte piú grande, che sovrastava le acque del Reno, dovette fermarsi di nuovo ai controlli della dogana militare. Invece dei documenti, gli chiesero le sigarette. Ringraziò sé stesso per essersi ricordato di portarle.

Lungo la strada sfilavano grandi fienili distrutti, i primi segni di quello che avrebbe trovato in seguito. In un campo vide dei prigionieri tedeschi. Si avvicinò. Per loro, l'unico pasto era una zuppa annacquata. Werner chiese a un soldato francese di guardia se fosse possibile avvicinarsi per scattare delle foto. Quello gli ripose di no. Bischof, per ingraziarselo, provò a offrirgli del tabacco, la vera moneta internazionale di scambio che apriva molte porte, ma non ci fu nulla da fare. Il giovane militare, sorridendo, gli disse che non poteva aiutarlo. Solo il capitano poteva concedergli il permesso di entrare nel campo. Werner capí e preferí non insistere.

Si diede allora da fare per ottenere il visto necessario per superare il confine ed entrare in Germania. In attesa, mangiò come ospite di un ufficiale francese con cui nel frattempo aveva fatto amicizia. Era un suo talento, quello di entrare in sintonia con le persone e farsi voler bene. Forse, se non avesse avuto quella capacità, non sarebbe neppure diventato il fotografo che divenne.

Ottenuto il visto, Werner si mise in sella e cominciò a pedalare. Costeggiò la parte meridionale del lago di Costanza e risalí la sponda orientale fino a Lindau, dove vide un lazzaretto di soldati italiani. Non appena si avvicinò incuriosito, qualcuno gli suggerí di nascondere le macchine fotografiche se non voleva essere arrestato.

Continuò a pedalare per quasi quaranta chilometri, sempre costeggiando il lago. Attraversò campi e boschi fitti.

Quando arrivò a Friedrichshafen cominciò a capire. I crateri delle bombe si erano riempiti d'acqua e avevano formato grandi stagni malsani. La stazione ferroviaria era bruciata. C'era un presidio di polizia completamente distrutto. Dal terreno si alzavano nuvole di fumo. Una chiesa era stata interamente rasa al suolo e al centro del suo perimetro erano stati accatastati, alla rinfusa, letti, armadi e macchine da scrivere. Werner era sconvolto. Dopo qualche ora annotò sul diario: «Alle volte viene voglia di fuggire via, ma poiché non si può fare, si cammina dalla mattina alla sera». Scese dalla bicicletta. Una donna gli domandò se avesse fame. Lo invitò tra le mura semidiroccate di casa sua, dove c'erano solo due letti e un fornello elettrico.

In tutte le foto di quei mesi, e anche negli scatti successivi quando sarà un affermato reporter di guerra, Bischof appare sempre perfettamente rasato e in ordine, come un impiegato modello che ogni mattino si reca in ufficio. Al suo mutamento interiore, repentino e improvviso, non coincide alcuna trasandatezza, alcuna trasformazione esteriore. Piú lo guardo e piú mi colpisce questa sua attenzione all'aspetto. Mi viene istintivo metterlo a confronto con quei viaggiatori che lasciano crescere barbe e capelli per ostentare, o forse simulare, una mutazione che in realtà non è avvenuta.

I primi due giorni li trascorse cosí. Girando e fermandosi di tanto in tanto, mangiando dove poteva, accettando quel che trovava e che gli altri potevano offrirgli. Percorse tutta la dorsale del lago. Scese verso Sciaffusa e poi a sera, dopo quasi altri cento chilometri, arrivò a Waldshut, la cittadina sul limite inferiore della Foresta Nera in cui aveva trascorso l'infanzia e l'adolescenza.

Suo padre e la sua seconda moglie lo accolsero con una cena calda. Werner poté lavarsi in un bagno pulito e dormire in un letto comodo. Non rimase piú di una notte, anche se avrebbe potuto aspettare qualche giorno e sfruttare un passaggio in macchina. Ma non era da lui. Non piú. Il distacco da alcune consuetudini, dal mondo cosí come lo aveva vissuto fino ad allora, prendeva forma proprio attraverso quei piccoli gesti.

Ripartí al mattino. Fece un'ottantina di chilometri fino a Friburgo, in Brisgovia, una città vicinissima al confine francese. L'aveva visitata sei anni prima. Fuori dalle mura antiche che la cingevano, gli sembrò che fosse rimasta uguale, ma poi, non appena entrò da una delle due porte di accesso, si ritrovò tra fango e macerie. Andò a dormire privo di energie.

Il giorno dopo, il 9 settembre, era domenica. Al mattino fece avanti e indietro tra il duomo e la piazza. Si accorse che il campanile era danneggiato. La gente gli passava accanto come una fiumana anonima e inarrestabile. Vicino a un fosso inciampò sulla mano di un morto.

Fece ritorno a Zurigo. Ciò che aveva visto non lo aveva affatto placato, anzi, semmai aveva rafforzato in lui il bisogno di capire. Quella perlustrazione aveva rinvigorito la sua esigenza di raccontare la natura e la profondità delle ferite inferte dallo scontro bellico. Soprattutto alle persone. La questione, per lui, sembrava proprio quella: svelare al mondo le conseguenze della guerra sui civili.

All'inizio di novembre del 1945 partí di nuovo con l'amico e collega di laboratorio Emil Schulthess. I due andarono verso nord, tagliando lo spicchio di Francia conficcato nel cuore dell'Europa. Una delle prime tappe fu Charmes, poco dopo il confine svizzero e tedesco. Era l'11 novembre. Nel bosco francese di Compiègne si celebrava l'anniversario dell'armistizio siglato nel 1918, il patto che aveva messo fine ai quattro anni di battaglie della Prima guerra mondiale. Era tutto uno sventolare di bandiere, un profluvio di canti e inni. La città era attraversata da rumorosi festeggiamenti. Le bandiere piú antiche, che risalivano al tempo della vecchia contesa, si mescolavano ai vessilli contemporanei. A Werner quelle celebrazioni diedero fastidio. Lo sfarzo e il dolore, pensò, non stanno mai bene insieme. In un passaggio dei diari scrisse: «Hanno di nuovo preso il sopravvento il chiasso e il clamore della musica; io non credo che questi uomini impareranno mai dalla miseria. È semplicemente spaventoso sentire dappertutto che è già nell'aria una generale corsa agli armamenti per combattere la Russia».

Werner ed Emil si rimisero in viaggio. Attraversarono prima il Lussemburgo e poi il Belgio. Nella seconda metà di novembre entrarono in Olanda e raggiunsero infine la cittadina di Roermond.

Le strade erano affollate da bambini che imbracciavano fucili e indossavano gli elmetti dei soldati come fossero giocattoli. A un certo punto, durante quella sosta, Bischof entrò in un ufficio postale per spedire una lettera. Fu allora che incontrò il ragazzino. «Arriva un giovane, – scrisse, – con il volto dilaniato. Le bruciature blu-viola delle schegge, l'occhio di vetro e una maschera rossa insieme al colorito rosa della carne formano un orribile contrasto».

Werner gli offrí una barretta di Ovomaltina. Non so in che lingua parlarono tra loro. Forse si scambiarono dei gesti o forse Bischof si aiutò con dei disegni. Si avvicinarono. Quella prossimità durò solo qualche istante o qualche minuto. Poi si lasciarono. Forse, prima di salutarsi, si scambiarono un sorriso. Uno sguardo di complicità.

Il ragazzo, per qualche ragione, colpí Werner nel profondo. Anche se il fotografo aveva già incontrato molti bambini feriti, quel ragazzino non gli uscí piú dalla mente. Nel diario scrisse di essere rimasto scosso per ciò che era accaduto al giovane. Temeva per lui, per il suo futuro, per ciò che lo attendeva.

Durante quell'incontro Werner non scattò nessuna fotografia.

8.

Osservo con attenzione i provini delle immagini scattate da Bischof durante la permanenza in Olanda. Ciascuna di quelle fotografie è un frammento di vita. Ciascuna è il segno di come la guerra irrompa nella vita dei civili, li travolga, gettandoli a terra senza nemmeno voltarsi a guardare.

Una madre con un figlio in braccio. Un paesaggio. Un gruppo di ragazzini in controluce. Un ponte. Alcuni bambini che battono il terreno con un bastone in mezzo al fumo e alle macerie. Tutti sembrano alle prese con qualcosa di minuto, con il tentativo di riappropriarsi di una quotidianità ormai simile a un miraggio. Un bimotore della Swissair all'aeroporto di Schiphol, ad Amsterdam. In nessuna foto viene riportata la data dello scatto.

C'è una specie di mistero intorno alla fotografia del ragazzino di Roermond. Di certo Bischof non l'ha scattata quando lo ha incontrato all'ufficio postale. Ma allora in quale momento ha ritratto l'immagine del giovane cosí simile a mio padre?

Cercando su internet ho trovato l'indirizzo di posta elettronica del primogenito di Werner Bischof. Si chiama Marco. Sento d'istinto il desiderio di entrare in contatto con lui. Ho trascorso, chiuso in casa, cosí tante notti, e altrettanti giorni, a guardare le immagini scattate da suo padre, e a leggere i frammenti dei suoi diari, che ho l'impressione di conoscerlo.

Gli scrivo come se fosse un amico di cui so molte cose, anche se di lui so poco e non l'ho mai visto in volto. Vorrei scoprire quando è stata realizzata la fotografia del bambino di Roermond. Forse lui sa dirmi qualcosa.

Credo che Marco sia l'unica persona che può aiutarmi. Che può mettermi sulle tracce di quel ragazzino, che ormai sarà diventato un uomo adulto e vecchio, per incontrarlo, e ascoltare dalla sua voce i patimenti sofferti e le gioie vissute. Per dirgli di mio padre. Di quel che è accaduto. E chiedergli se anche lui, dopo quel lampo, quell'esplosione, è rimasto ancora verde di vita.

Incontrare il ragazzino cresciuto e invecchiato, forse, è un po' come parlare di nuovo con mio padre. Sento che il bambino di Roermond porta dentro di sé una verità che devo conoscere.

Ho scoperto che Marco vive a Zurigo. Lavora da tempo, con l'agenzia Magnum, alla valorizzazione del patrimonio artistico del padre. Werner purtroppo è morto giovanissimo nel 1954, appena trentottenne. Marco, a quel tempo, era un bambino di quattro anni. Quasi l'età di Momia nei giorni di Borgo San Michele. Del padre, di fatto, deve avere pochissimi ricordi personali. Marco e Werner, da un certo punto di vista, sono come Momia e Alarico. Anche il figlio del fotografo si è dovuto confrontare sin da subito con l'assenza. E forse, anche lui, come è capitato a mio padre da piccolo, ha sviluppato per quel genitore, perso prematuramente, un affetto e un amore protettivi e dolcissimi. Quasi materni.

Immagino che la ricerca del genitore perduto sia appartenuta anche a Marco. Anche lui deve aver conosciuto lo sconcerto che segue la morte. Anche lui deve aver compreso che la scomparsa va compensata in qualche modo. Che bisogna mettersi in azione per provare a colmare il vuoto.

Werner ha avuto una vita breve, eppure è riuscito, in quel rapido trascorrere degli anni del dopoguerra, ad afferrare qualcosa e a condividerlo con tutti. Anche con me, che sono qui, dopo cosí tanti anni. Werner è stato trascinato da una vitalità inesauribile e dall'urgenza di testimoniare. Forse proprio per questo, per questa sua particolare sensibilità, è stato capace di comprendere il dolore, e allo stesso tempo di cogliere, isolare e svelare i frammenti di bellezza e delicatezza che sopravvivono in ciascuna persona. Il suo approccio, penso, è il piú umano possibile. Quello che ci lascia intravedere una speranza per ciò che ci porterà il domani.

Bischof, dopo la Germania, la Francia, il Belgio, l'Olanda, proseguí il suo viaggio in Finlandia e in Grecia. Non si fermò mai. Ci fu un tale cambiamento in lui, a partire da quel primo viaggio in bicicletta, di intenti e necessità, che molte persone ebbero difficoltà ad accettarlo. Quel viaggio fu l'innesco di una sequenza di eventi che forse nemmeno lui fu in grado di controllare.

Il piú sorpreso da quella sua trasformazione fu probabilmente il padre Adalbert.

Il genitore, a un certo punto, gli aveva scritto e confessato la propria preoccupazione. Lo sollecitava a tornare al lavoro piú stabile di prima, quando era un professionista dedito ai paesaggi, alla natura e alla moda. Il lavoro da fotoreporter, pur di grande valore, lo aveva allontanato da una strada a lui piú consona. Voleva che il figlio tornasse a qualcosa di piú tranquillo e redditizio e lo esortava con insistenza a riprendere la propria attività nello studio fotografico di Zurigo.

A Werner dispiaceva che il padre non capisse, ma era cosí: non sarebbe mai piú tornato indietro, al chiuso di uno studio, a un lavoro piú tranquillo. Non sarebbe piú tornato a scattare immagini di moda.

Quella scelta, spiegava, non era dovuta alla brama di sensazionalismo. Non era imputabile al desiderio di affermarsi come reporter. Quel che contava davvero, per lui, era che le immagini che aveva scattato lo riguardavano come essere umano. Tutto quello che stava facendo, confidò al padre, era riconducibile a un altro, e piú fondante, elemento. Stava vivendo una metamorfosi rigenerante, una nuova sensibilità gli imponeva quel suo peregrinare.

Quando scrisse al padre, il giovane fotografo era alle prese con un libro sull'Europa che non riuscí mai a portare a compimento. Negli anni successivi si dedicò all'Oriente. Andò in Corea nel periodo piú pericoloso della Guerra fredda. Poi trascorse qualche mese in Giappone. Visitò luoghi che allora si potevano raggiungere con grande difficoltà e di cui in fondo non si conosceva granché. Anche se visse nell'epoca d'oro dei fotoreporter, ho l'impressione che cercò di allontanarsi sempre dalla mitologia che si costruiva intorno a quella professione. Nonostante fosse uno dei primi partner della prestigiosa agenzia Magnum, fondata in quegli anni da Henri Cartier-Bresson e Robert Capa, si comportava come un corpo estraneo a quel mondo. Basti osservare la foto che scattò ai suoi colleghi fotoreporter in Corea: tutti schierati con le macchine davanti allo stesso soggetto come iene davanti alla preda. Fu come se volesse svelare il dietro le quinte, la spiacevole messa in scena che quasi tutti invece non avevano il coraggio di confessare.

Con la moglie Rosellina si era sposato nel 1949. Aveva scambiato con lei lettere tenerissime. Le aveva promesso che sarebbe tornato al piú presto e che avrebbero trascorso piú tempo insieme. Un anno dopo il matrimonio nacque Marco, il primo figlio. Al ritorno dall'Asia, dopo qualche mese trascorso in Svizzera, Werner, irrequieto, partí di nuovo, questa volta per le Americhe. Da quelle distanze inviava disegni al figlio. Era il suo modo di comunicare, di fargli sentire la sua vicinanza. Sulle pagine di una lettera spedita a Marco da Santiago del Cile il 21 aprile 1954, Werner aveva disegnato i due colli su cui si allargava la città, aveva tratteggiato la linea della funicolare che scendeva da San Cristóbal e anche le sagome di due animali, una giraffa e un lama, per indicare la presenza di uno zoo. In quello schizzo non mancavano neppure le amate montagne. Sulla parte superiore del disegno, in maniera essenziale, aveva tirato la linea delle vette delle Ande che nei tardi pomeriggi si tingevano di un rosso incandescente. In quei disegni c'era il suo sguardo, il suo istinto di pittore e l'amore per il bambino nato dall'unione con Rosellina.

L'ultima tappa della vita di Werner fu il Perú. Un giorno che era diretto a Cuzco, verso Pizac, fece in tempo a scattare la foto a un bambino che quasi gli tagliò la strada mentre suonava un flauto. Erano immersi nella Valle Sacra del fiume Urubamba. Il ragazzino aveva ai piedi dei sandali e con le dita scarne della mano, che uscivano fuori da un viluppo di stoffa colorata e di un sacco di tela, otturava i fori del flauto in legno.

C'era sempre un bambino pronto a tagliargli la strada, a catturare la sua attenzione.

Accadde tutto rapidamente. A Lima incontrò un amico geologo che gli propose di accompagnarlo a conoscere i lavoratori delle miniere. Salí insieme a lui su una macchina per raggiungere quei luoghi. Precipitò, indifeso, per molti metri nell'abisso.

È forse anche per questo che scrivo al figlio Marco. Ho scoperto che è diventato un regista audiovisivo e, a distanza di molti anni, ha voluto compiere lo stesso tragitto che fece il padre, fino al punto in cui la vettura precipitò nel vuoto. In un video girato durante quel viaggio, visibile in rete, ha insistito con la macchina da presa sui copertoni che, sul ciglio terroso della strada, corrono sui vertiginosi zig-zag. In quelle scene si sente solo il rumore del motore e del vento. L'andare dell'auto sulla soglia dei precipizi. Nell'ultima immagine compare un'enorme pietra su cui è inciso il nome del padre insieme alla data di nascita e morte. Marco non ha potuto far altro che fermarsi al cospetto dell'enigma, di ciò che resta e di ciò che non c'è piú.

Nell'e-mail gli racconto di mio padre, di quello che gli è accaduto. Confesso che, quasi miracolosamente, seppur con grande dolore, ho ritrovato il volto di Momia in quello del bambino di Roermond. Proprio quando è esplosa di nuovo la guerra in Europa, ai confini tra Russia e Ucraina. Gli confesso che quella visione ha messo in moto l'esigenza di rimettere insieme alcuni pezzi. Per qualche ragione quell'immagine è diventata una tessera del puzzle di dolore che devo provare a ricomporre.

Il dolore, scrivo a Marco, risuona attraverso le immagini e le vite anche a distanza di chilometri e di anni. Gli dico dell'affinità che sento con ciò che ha animato il lavoro del padre. Della compassione che ha sempre mostrato per i piú piccoli.

Spedisco l'e-mail come si infila una lettera dentro una bottiglia e la si getta nel mare.

Dalla battigia in cui mi trovo, rimango a osservare quel messaggio allontanarsi tra le onde.

L'ho spedito come se fossi diventato anch'io, come era stato mio padre, un naufrago che s'era perduto. Non so se Marco lo leggerà mai. Se risponderà alla mia richiesta d'aiuto.

9.

I piccoli dolori, quando sono persistenti, riescono a insinuarsi negli antri piú profondi della nostra percezione tanto che arriviamo a pensare che sarà impossibile liberarcene. Ho la sensazione che la scheggia sia penetrata ancora piú a fondo nel palmo della mano. Ogni sera, prima di andare a dormire, disinfetto con acqua bollente e sale. La ferita, che prima era aperta, ora si sta richiudendo. La dottoressa, sorridendo di fronte alle mie preoccupazioni, mi dice di aspettare ancora. Sarà la pelle, ripete, a espellerla da sola.

La degenza, per Momia, fu lunga e dolorosa. Nel resoconto di mio padre, però, non c'è alcun riferimento ai patimenti fisici. Forse non tanto perché lui non sia stato in grado di trovare le parole giuste per dire ciò che soffrí, quanto piuttosto per una specie di pudore.

Quattro mesi dopo, nel novembre del 1945, quando Werner Bischof incontrava il bambino di Roermond, mio padre era ancora in ospedale. Erano passati quattro mesi dall'esplosione della *Schrapnellmine* e lui era ancora perso nel dedalo di corridoi, stanze e lamenti. Per arrestare l'avanzamento dell'infezione aveva bisogno che gli venissero prestate le migliori cure. Non sapeva quali medicinali gli sarebbero stati somministrati.

A quei tempi, la penicillina era l'unico argine conosciuto capace di fermare il processo infettivo provocato dai frammenti della mina esplosa a Capo Portiere. La sostanza, scoperta dal medico Alexander Fleming, era stata utilizzata anni prima solo in via sperimentale dallo stesso patologo inglese su un amico paziente. Fu un successo inaspettato. Quel conseguimento avvenne quasi per caso, mentre il dottore effettuava delle ricerche su alcuni batteri patogeni. Gli effetti furono cosí sorprendenti che negli Stati Uniti, per salvare la vita ai soldati impegnati nelle operazioni di guerra, avviarono subito la produzione in larga scala di quel farmaco, senza aspettare altro tempo e prima ancora di effettuare verifiche piú approfondite.

La sostanza antibiotica di origine naturale riusciva ad aggredire i batteri e impediva che questi formassero una sorta di rete a propria difesa. La molecola, somministrata soprattutto per via endovenosa, era capace di ridurre di molto la gravità delle infezioni e, di conseguenza, anche il numero di amputazioni che fino ad allora si erano rese necessarie per le ferite che andavano in cancrena. In Italia, la prima distribuzione di penicillina avvenne solo a partire dalla primavera del 1945. In quei mesi i comitati medici di ogni provincia furono incaricati della conservazione in ghiacciaia delle fiale.

Nell'ospedale in cui si trovava Momia, la penicillina era quasi introvabile. Il farmaco era cosí scarso, ma altrettanto necessario, che veniva conteso al mercato nero. Compariva e scompariva. Per venirne in possesso era necessario pagarlo a caro prezzo. Renata era disposta a tutto. Al pari della madre al cospetto di Re Salomone, anche lei era pronta al sacrificio. Era disposta a non avere con sé i figli, pur di fargli somministrare la penicillina e salvarli.

Il 10 dicembre di quell'anno, mentre Momia e Meri erano ricoverati nel reparto oculistico del Policlinico di Roma, Alexander Fleming si recò a Stoccolma per ritirare, insieme a Howard Walter Florey e Ernst Boris Chain, il premio Nobel per la medicina. Indossava l'abito di gala, aveva occhiali da vista e si inchinò ripetutamente davanti al re di Svezia. Durante il discorso di ringraziamento, dopo aver ricordato e ripercorso le scoperte scientifiche che avevano preceduto quel risultato eccezionale, per qualche ragione parlò del destino. Disse che, forse, fu per volontà del fato che il lavoro si realizzò proprio in tempo di guerra, quando la penicillina era piú necessaria.

Qualche giorno dopo, nel bailamme del Policlinico, priva dei mezzi economici per contendersi al mercato nero una fiala di quel miracoloso preparato da somministrare ai due figli, Renata si arrese. Fu cosí che il dilagare dell'infezione non fu tamponato.

10.

Il corpo che diviene ombra e la ferita che permane. Il precipizio in cui si cade.

Cosí si chiude un tempo e se ne apre un altro. Senza sapere nulla di ciò che avverrà.

11.

La ferita nel palmo della mano si è quasi richiusa del tutto. La scheggia è una presenza che ha preso la forma di qualcosa di familiare. È come un pesciolino minuscolo nascosto sotto il velo della pelle. La sfioro. Penso che ormai non potrà piú venire fuori, non me ne potrò piú liberare. Lo prendo come un segno. Un memento che mi arriva da qualche parte.

Ogni volta che qualcuno di noi figli si lamentava per un'inezia, per qualcosa di simile a questa scheggia, quando eravamo piccoli, e poi anche quando infine crescemmo, lui ci spingeva sempre a sdrammatizzare. Non ti rendi conto che sei a casa, ripeteva. Ringrazia il cielo, pensa adesso se fossi in ospedale. Pensa a come ti sentiresti. Ringrazia dio perché sei a casa. Non ci accorgevamo neppure di quanto ci stava raccontando di sé in quei momenti.

Dopo sei mesi nel reparto oculistico del policlinico, Momia non tornò a Borgo San Michele. Non rivide le piante di mimose e non andò piú con la sorella Meri a prendere l'acqua alla fonte. Andò invece a vivere alla borgata Caroni, un piccolo quartiere nella estrema periferia sud di Roma, sulla via Appia Nuova, composto in origine da una ventina di case a un piano color giallo e rosso-mattone. Subito dopo il ponte della linea ferroviaria che correva verso Napoli, in prossimità dell'ippodromo Capannelle. Accanto a dove erano passati freneticamente, in auto, il giorno dell'incidente.

Il quartiere era stato progettato dall'ingegnere Caroni sui terreni di proprietà del padre di un gerarca fascista. Le case si diceva che fossero state costruite da trecento prigionieri tedeschi. Con il tempo, venne dimenticato il nome dell'ingegnere e il quartiere fu chiamato Lo Statuario per le tante sculture che erano state ritrovate da quelle parti.

A gennaio l'inverno fu freddo come non era mai stato prima. La notte del giorno della Befana la temperatura scese fino a tre gradi sotto lo zero e il mattino seguente cominciò a nevicare. Ogni cosa fu ricoperta di bianco. Scomparvero i rumori cosí come ogni parvenza di vita. Rimasero solo la neve e il freddo. L'intero mondo parve addormentarsi. Indifferente e intenzionato a lasciare ciascuno al proprio destino. Il giorno dopo la temperatura diminuí ancora. Scese fino a sei gradi sotto lo zero.

Era la prima volta che Momia toccava la neve. Lui rabbrividiva per il freddo. Nella casa in cui abitava con la madre e la sorella non c'era alcun tipo di riscaldamento. La notte era cosí gelida che all'alba, anche quando non nevicava piú, sui vetri senza serrande o tapparelle si formava una brina persistente.

Un amichetto appena conosciuto gli aveva raccontato che, poco prima di rannicchiarsi nel letto che divideva con altri due fratelli, si intrufolava nell'armadio e indossava l'unico cappotto che possedevano in famiglia, anche se la madre, per evitare che si sgualcisse troppo, gli aveva vietato di farlo. Momia se lo immaginava sotto le coperte con le mani in tasca per non prendere freddo, tutto intabarrato e in allerta. E gli veniva da sorridere mentre ricostruiva la scena, la donna che svegliava di soprassalto il figlio e quello che cadeva a terra con un tonfo, tutto avvoltolato nel cappotto. Allora Momia, nel buio della stanza, si lasciava andare a una risata. Come succedeva ad Alarico quando, nel buio della sala del cinema, vedeva un omino in abito scuro e camicia bianca che precipitava da una scala.

Nel letto, in quei giorni d'inverno, Momia immaginava la scuola. I corridoi in cui rimbombavano i passi dei compagni. Anticipava e pregustava l'ebrezza felice nel salire e scendere di corsa le scale. Gli sembrava quasi di ascoltare le voci di gioia che esplodevano nelle aule. Vedeva i suoi coetanei sedersi e rimanere irrequieti, poi divertirsi in giardino quando suonava la ricreazione. Allora era tutto un inseguirsi e un cadere.

Quello che lo attendeva però fu molto diverso. Alla madre venne consigliato di iscrivere i figli presso strutture specializzate. Momia, seppur non completamente privo della vista, non fu ammesso alla scuola di quartiere. Lo stesso destino, ovviamente, spettò a Meri, che la vista l'aveva persa del tutto. La scelta ricadde cosí sull'Istituto Augusto Romagnoli, sempre a Roma, ma nel quadrante nord, al termine di via Gregorio VII, a piú di venti chilometri di distanza dalla borgata Caroni.

L'istituto scolastico era stato fondato quasi venti anni prima ed era considerato all'avanguardia in ogni parte d'Italia. Augusto Romagnoli, l'uomo che lo aveva ideato, aveva messo a punto un innovativo metodo di studio per i bambini non vedenti. A motivarlo era stato qualcosa di particolare. Era nato a Bologna e a un mese di vita, per alcune complicazioni, aveva perso la vista. Grazie a un intervento chirurgico, l'aveva riacquistata in parte. Poté tornare a vedere le forme e i colori. Nel 1909, però, all'età di trent'anni, aveva perso di nuovo quel poco di contatto visivo con il mondo. Ma non si era arreso, anche perché nel frattempo si era laureato in filosofia ed era diventato uno dei primi docenti universitari italiani non vedenti. Nell'unica foto che sono riuscito a trovare, sfoggia un bel paio di baffi ondulati e capelli ordinati con la riga a sinistra. Sembra avere un piglio deciso.

All'istituto, al momento delle iscrizioni, avevano detto a Renata che l'attività fisica era molto importante e che l'ostacolo principale, per i ragazzini come i suoi figli, era proprio il movimento del corpo. Non certo lo studio, il pensiero, la capacità di apprendimento o il rimuginare fitto e incessante della mente. Era vero. Lo pensava anche lei. Ciò di cui avevano piú bisogno Momia e Meri, ciò che gli mancava di piú, era una certa naturalità di movimento nello spazio. Renata disse ai figli che in quell'istituto potevano giocare anche all'acchiapparella. Avrebbero imparato a correre e sentirsi liberi.

Quando Momia arrivò all'istituto, Romagnoli non c'era piú. Era morto all'improvviso l'8 marzo del 1946. Non aveva ancora compiuto sessantasette anni.

Mio padre trovò le siepi di mortella e la ghiaia nei sentieri. Dalla cannella di una fontana, vicino alla piazzola dove si entrava nel dormitorio, sentí scorrere un fiotto d'acqua.

La scia della guerra aveva lasciato cadere molti frutti.

Nella scuola c'erano tanti piccoli ospiti che cercavano di capire dove sistemarsi nelle stanze. L'intero edificio era saturo di dolore. Le istruttrici, giovani e volenterose, si adoperavano per alleviare la pena, ma non potevano sapere che cosa covasse dentro quei bambini.

Un pomeriggio Momia entrò in un'aula e venne invitato, insieme ai suoi compagni, ad avvicinarsi a una parete. Con le braccia e le mani protese verso l'alto furono spronati a toccare una grande sagoma dell'Italia che, sotto forma di plastico, era appesa sopra le loro teste. La maestra parlava, descriveva i monti e le valli, le pianure e le coste. Enumerava ed enunciava. E nel frattempo invitava i bambini a cercare, con le mani, con le dita, la conferma a quelle parole. Li spingeva a percepire le mutazioni orografiche sul modellino di plastica. Quando uscirono dall'aula, uno dopo l'altro, gli alunni presero parte a una specie di girotondo nel giardino. La luce era un riverbero sfuggente e una carezza confortevole che si sentiva sulla pelle.

Uno dei primi giorni di scuola, una pecora entrò nel cortile e si avvicinò molto ai bambini. Quella presenza inattesa fu accolta dai piccoli con eccitazione e curiosità. Con le braccia e le mani protese in avanti i ragazzini si accovacciavano nel tentativo di sfiorare e toccare quel corpo caldo. Provavano ad avvicinarsi indugiando un poco. Temevano di urtarsi tra loro e di cadere. Agitavano le mani in aria a tentoni, davanti a loro, prima a destra e poi a sinistra. Inseguivano quella preda mobile senza riuscire a prenderla. Senza neppure capire quanto si avvicinassero e quanto poco mancasse per accarezzarla. C'era sempre uno spostamento, una variazione inattesa, uno scantonamento che rendeva l'animale inafferrabile. I bambini giravano quasi su sé stessi. Ascoltavano il belato e percepivano l'odore agreste. Si facevano guidare dagli altri sensi. Si ostinavano a seguire le mosse invisibili dell'animale. La pecora, dal canto suo, non sapeva nulla di loro, della cecità. Non poteva aiutarli. Si avvicinava e si allontanava. Anche lei era titubante. Con le mani a protezione davanti ai corpi, i bambini continuarono a muoversi sull'erba ancora a lungo, anche quando la pecora ormai si era allontanata per tornare nell'ovile.

Renata era rimasta a casa sua, in borgata Caroni. Giorno e notte viveva in apprensione, facendo avanti e indietro tra le stanze vuote dell'abitazione e il caos dell'ufficio postale. Non trovava pace. Finché si decise a chiedere alla scuola. Per stare vicina ai figli, era disposta a svolgere qualsiasi mansione, anche la piú umile, nell'ambito dell'istituto. Nonostante fosse già una funzionaria e, nel giro di qualche anno, sarebbe stata promossa a direttrice. Avrebbe fatto questo e molto altro pur di trascorrere piú tempo con i suoi bambini.

I responsabili dell'istituto, seppur riluttanti, presero in considerazione la richiesta. Dopo qualche giorno le comunicarono che accettavano la proposta, ma solo a due condizioni: l'impegno sarebbe stato temporaneo, qualche settimana al massimo, e i suoi due figli non avrebbero dovuto sapere della sua presenza. Ovviamente, non potevano incontrarla.

All'istituto la famiglia era percepita come un ostacolo alla formazione e all'istruzione dei ragazzi. Lo scopo del percorso educativo era l'autonomia degli studenti, che dovevano dimostrare di sapersi inserire da soli nel corpo della società.

Una volta entrata all'istituto, Renata rimase sempre distante dai figli. Le concessero di fare le pulizie. Qualche volta, dietro una siepe, si fermava a guardarli. Li osservava. Provava struggimento per il colletto spiegazzato del grembiule di Momia e per il fiocco colorato sui capelli di Meri. Si portava le dita alle labbra come se cosí, grazie a quel contatto, potesse baciarli.

Una mattina Momia e Renata quasi si sfiorarono. L'uno senza saperlo, l'altra incapace di trattenere il desiderio. Lui in balia di un magnetismo indefinibile, lei per una spinta irrefrenabile. Renata si avvicinò al figlio, senza aprire bocca, senza quasi respirare. Forse fu il rumore del brecciolino, forse la consistenza della stoffa, il profumo, il braccio appena sfiorato, la pelle contro la pelle. Fu solo un istante. Subito dopo Momia fu certo di averla avuta vicina. Vicinissima, come non mai.

Quel conforto però non durò a lungo. Forse fu proprio quello sconfinamento a porvi fine. La presenza fantasmatica e latente della figura materna non fu piú tollerata. Momia e Meri rimasero soli come gli altri bambini.

Partecipavano alle lezioni e alle attività della scuola. Di pomeriggio, lasciavano ombre lunghissime tra i viali e nello spiazzo che si apriva davanti all'istituto.

La sera si ritrovavano a cena. Occupavano i lati opposti dello stesso piccolo tavolo quadrato. Si scambiavano poche parole. Alle volte preferivano restare in silenzio. Sempre, comunque, un filo conduceva l'uno all'altra. Il pasto, monotono e privo di sapore, consisteva in un triangolo freddo di semolino gommoso. Momia non riusciva quasi mai a mangiarlo. Lo toglieva dal piatto e lo schiacciava sotto al tavolo, nella parte interna della cornice di legno. Sera dopo sera. Settimana dopo settimana. Era un gesto che compiva d'impulso, necessario e disperato. Una piccola rivolta che insegnanti e inservienti facevano finta di non vedere.

Momia sapeva già che, rifiutando il cibo, i bambini manifestavano un proprio inestinguibile disagio. Rifiutavano il cibo, ma prima di ogni altra cosa non accettavano sé stessi.

La notte Meri non riusciva a dormire. Al mattino raccontava al fratello del chiarore della cecità che non si spegneva mai.

I piccoli ospiti erano coinvolti in un vero e proprio addestramento. Venivano chiamati a ripetere un numero infinito di volte gli stessi esercizi, affinché in loro non si affievolissero gli altri sensi. Al contrario di quanto si creda, se gli altri sensi non vengono sollecitati – anche l'udito, anche l'olfatto – finiscono per intorpidirsi.

C'era un esercizio che Momia si ricordava di piú. Un docente nascondeva una grossa sveglia in una scatola di cartone, e posizionava poi la scatola tra vari altri oggetti di simili dimensioni sparsi sul pavimento di una grande stanza. Non appena veniva ultimato il nascondimento, i bambini venivano invitati a trovarla. Procedevano incerti, barcollanti, guidati dal ticchettio, unico elemento orientativo che doveva guidarli come una bussola.

12.

Alle volte, quando andavo a trovarlo nello studio, sorprendevo mio padre vicino al suo orologio a pendolo. Regolava, anche al buio, l'altezza dei pesi. Apriva lo sportello che li proteggeva all'interno della cassa e poi tirava verso il basso, con delicatezza, le catene in ottone a cui erano legati.

Non avevo mai saputo dell'esercizio a cui da bambino veniva costretto per addestrare l'udito, quando si trovava all'Istituto Romagnoli. Non me ne aveva mai parlato. Né mi aveva detto del modo con cui venne forzato a rintracciare l'origine di quel ticchettio.

Su di lui, nei suoi anni adulti e maturi, gli orologi da tavolo e da tasca, cosí come le sveglie meccaniche, avevano sempre esercitato un fascino a cui non sapeva resistere. Non appena poteva, ne comprava uno o due modelli. Apriva i dorsi di quegli strumenti di precisione e con i polpastrelli cercava di toccare gli elementi nascosti in quell'antro palpitante.

Gli piaceva ogni cosa di quegli oggetti. Era incantato dalle melodie semplici e meccaniche che riproducevano. Anticipava e riconosceva i rintocchi dei quarti d'ora e delle ore.

Forse, anche in quei pomeriggi, anche in quelle sere della sua vita adulta, cercava ancora di capire da dove arrivasse quel rumore. Da dove arrivasse il ticchettio del tempo.

Proprio vicino al pendolo, mio padre aveva appeso il titolo di laurea in giurisprudenza che aveva conseguito a dispetto delle difficoltà. Da ragazzo io avevo sempre considerato quel quadro come un'ostentazione. Non avevo ancora capito che il documento era stato incorniciato con la cura e l'attenzione di chi sapeva che senza quel titolo ogni cosa sarebbe stata molto piú difficile. C'era anche la data di quel giorno fatidico: il 10 luglio 1967. Mio padre non aveva ancora compiuto ventisette anni e aveva già due figli: io, il suo secondogenito, ero nato da appena venti giorni.

La laurea era stata il punto di arrivo di un percorso accidentato compiuto camminando sulla soglia tra l'ombra e la luce. L'approdo ultimo di un tragitto tortuoso affrontato, passo dopo passo, senza avere un esempio, per quella disabilità, a cui fare riferimento e senza avere alcuna certezza di fin dove sarebbe arrivato.

Dal manoscritto di mio padre non riesco a capire quando Renata decise di togliere i figli dall'Istituto Romagnoli e riportarli allo Statuario, a casa sua. Dovette avvenire molto presto, se è vero che, come sostiene mia madre, la licenza elementare e il diploma delle medie mio padre li conseguí da privatista. Forse con l'aiuto sporadico dello zio Manlio, anche lui, all'epoca, alle prese con la sua battaglia personale contro la cecità.

Superati in qualche modo quegli esami solitari, Momia si era poi iscritto al liceo classico Augusto, un istituto che si trovava a sei o sette chilometri piú a nord, verso il centro della città. Quando riusciva a superare la propria ritrosia, l'imbarazzo e il timore del confronto, saliva avventurosamente a bordo di un tram azzurro e bianco alla fermata non distante da casa. Quel mezzo di trasporto, l'unico che si poteva permettere, aveva ripreso a funzionare nel dicembre del 1945. Partiva dai Castelli Romani, attraversava i primi tentativi di urbanizzazione dell'agro romano, e giungeva fino alla stazione Termini.

Nelle foto che sono riuscito a ritrovare di quegli anni giovanili, mio padre ha capelli scuri e pettinati alti sulla fronte. Gli occhiali immancabili gli servivano, piú che a vedere meglio, a celare le proprie orbite ferite. Nelle classi del ginnasio, e poi del liceo, tutte rigorosamente maschili, si presentava quasi sempre indossando un completo scuro con una camicia bianca e una cravatta.

Tra le pagine dei libri di studio ritrovò i semi gettati dallo zio. Scoprí soprattutto l'attrazione per l'etimologia delle parole, un desiderio quasi fisico che avrebbe mantenuto intatto per tutta la vita, che lo spingeva a smontarle e osservarle da vicino. Voleva comprenderne il segreto dell'origine. In ognuna di loro, cercava una fessura in cui infilare la propria curiosità e dischiuderle, come si fa con le gemme nascoste dentro le valve delle ostriche in fondo al mare.

Negli anni aveva superato ostacoli che molti suoi coetanei neppure immaginavano. In una foto di classe, quella forse in cui era piú giovane, ho rivisto il suo volto gentile poco dietro il corpo d'armadio di un professore d'altri tempi che se ne sta in posa con la mano destra infilata in un pesante cappotto. Mio padre, dietro il corpaccione di quell'uomo, accennava appena un sorriso e teneva la testa leggermente inclinata. Mentre tutti gli altri studenti guardavano dritto davanti a sé, verso l'obiettivo del fotografo, qualcuno sorridendo con l'impettita baldanza dei quindici o sedici anni, qualcun altro con la malinconica serietà di chi si crede piú adulto di quanto non sia, mio padre, l'unico con indosso un paio di occhiali, indirizzava lo sguardo alla sua sinistra, verso un punto distante fuori dall'inquadratura della foto.

Nonostante tutto, riuscí a coltivare, chissà come, un ramoscello di allegria dentro di sé che con il tempo divenne sempre piú frondoso. Imitava i tic e le manie dei docenti e faceva sorridere i compagni di classe. Non prestava ascolto a chi lo irrideva, a chi non mancava di sottolineare la particolarità con cui era costretto a convivere. Non cercava la lite e neppure mai la compassione. S'intestardiva semmai, quasi ossessivamente, nella sfida, nel gioco di parole, nello studio, nel desiderio di vita, in quell'avventatezza di andare e venire da solo a bordo del tram. Come se quei viaggi, reiterati ogni giorno, senza badare troppo ai rischi che correva, gli permettessero di mostrare a tutti che anche lui era in grado di compiere i gesti semplici della quotidianità.

Nelle aule ampie della scuola, i cui edifici, nella forma, simulavano beffardamente la M di Mussolini, per la prima volta, in un modo tutto suo, aveva vissuto ciò che davvero offre la scuola oltre al sapere: la complicità e la sfida. L'accoglienza amicale di qualcuno e lo sfottò beffardo di altri. Al liceo classico Augusto, nonostante tutto, si era inebriato della socialità che gli era stata a lungo negata.

A modo suo riuscí a superare anche l'esame di maturità. Agli inizi degli anni Sessanta, poco piú che ventenne, si trasferí in un appartamento al primo piano di un palazzo in via Tuscolana, uno dei primi baluardi di cemento che in poco tempo avrebbero preso il sopravvento sulla campagna. Alle spalle di quelle costruzioni non c'era nulla, nessuna traccia del quartiere sovrappopolato che si sarebbe formato in seguito. Solo la terra battuta e i prati fino all'Acquedotto Claudio. Ogni tanto mio padre se ne andava da solo verso le arcate antiche e i giochi di chiaroscuro di quella costruzione millenaria. Camminava a lungo. Non so a cosa pensasse. So soltanto che se avesse camminato ancora un po', e avesse avuto l'ardire di oltrepassare l'acquedotto addentrandosi fin dentro la grande pineta, avrebbe raggiunto le case dello Statuario.

Portò avanti gli studi universitari escogitando qualcosa di inatteso. Per non ritrovarsi nelle stesse difficoltà di sempre. In qualche modo, convinse un gruppo di amici e di amiche a prepararsi con lui. Nelle mattine e nei pomeriggi, nella casa in cui viveva già con la moglie, gli amici si alternavano alla lettura a voce alta dei manuali. Al centro del tavolo c'era un grande registratore a bobine, con il nastro beige. Leggevano una prima volta il libro per intero. Una pagina dopo l'altra. Il diritto penale, la procedura civile, ogni testo, anche il piú arido, il piú dettagliato, il piú normativo, veniva trasformato in un infinito e apparentemente astruso racconto orale.

Terminata la registrazione dei testi, i giorni successivi venivano dedicati agli ascolti collettivi. Il nastro scorreva ora lento, ora piú veloce. Gli studenti si fermavano, parlavano e si confrontavano. Restavano insieme oltre il tempo dello studio. Mangiavano, bevevano e scherzavano. A volte litigavano. Il limite di mio padre, la sua permanenza obbligata sulla soglia tra il visibile e l'invisibile, li costrinse, quasi senza accorgersene, ad aiutarsi l'un l'altro e a costituire un cenacolo periferico che, con baldanza provinciale, tentava di risalire la china e accorciare la distanza che lo separava da chi era stato piú fortunato.

Mio padre rivolgeva domande agli altri cercando di non dare mai nulla per scontato, indossando i panni di un Socrate curioso. Fingendo sempre di non aver capito fino in fondo qualcosa, un articolo, un comma, un concetto, chiedeva e richiedeva di spiegare meglio. Privo del punto d'appoggio saldo del testo scritto, si ostinava a costruire dentro la propria mente percorsi logici che gli permettessero di rievocare tutto ciò che non poteva leggere con gli occhi e non era in grado di fissare aiutandosi con la memoria visiva. Percorreva in continuazione i suoi tragitti mentali. Come avrebbe fatto poi con noi figli. Ossessivamente, ironicamente, giocosamente. Ricordo il gioco che faceva con me e mia sorella. Spiegava e rispiegava. E poi chiedeva. E chiedeva di nuovo. Ricordo il fascino che esercitava su di noi, ma anche l'ossessività con cui insisteva.

Con quei dialoghi, ponendo tutte quelle domande fino allo sfinimento, arrivava al punto in cui lui stesso assimilava molto piú di quanto neppure si rendesse conto.

Per una specie di gioco del destino, piú avanti nel tempo, quando entrò nella fase piú matura della sua vita, finí per somigliare in maniera sorprendente proprio a Socrate, o quantomeno all'immagine del filosofo scolpita in epoca romana e conservata al Louvre. Come mio padre, anche il filosofo, in quella raffigurazione marmorea, aveva vuote le orbite degli occhi.

La strada verso la laurea non fu priva di ostacoli. Agli esami si doveva misurare, per quanto studiasse, con i mostri che solo di rado smettevano di perseguitarlo: il timore del confronto, il fastidio per lo sguardo invadente dell'altro, il sospetto persistente che chi lo osservava infine lo giudicasse anche, o forse soprattutto, per la sua menomazione.

Spesso il giorno dell'esame, al mattino, prima di avviarsi verso la Sapienza, veniva sorpreso da sussulti emotivi che lo costringevano a vomitare quel poco che aveva mangiato a colazione.

Nonostante le difficoltà non smise di camminare. Di andare avanti. Rendendosi conto che non poteva fare altrimenti. Conservò a lungo il registratore Akai con la grande cassa di legno che aveva usato negli anni universitari. Tanto che mi sembra di vederlo armeggiare con attenzione le leve nere di quell'apparecchio. Riesco a vederlo mentre fa andare avanti e indietro i nastri a diverse piste. Lo vedo poggiare il capo sulle braccia e ascoltare una volta ancora.

Una domenica di una decina di anni fa, mentre io e mio padre camminavamo lungo via Appia Nuova, forse in una delle nostre ultime passeggiate insieme, non lontano dal liceo Augusto, lungo quella strada su cui sempre cercava di tornare in un modo o in un altro, incontrammo una sua vecchia compagna di studi. La donna lo riconobbe e lo fermò. Rimasero a parlare a lungo. E mentre parlavano fitto fitto, lei continuava a ringraziarlo per tutto ciò che aveva fatto. Continuava a toccargli le mani, come faceva chi voleva fargli capire che gli voleva bene. Continuava a dirgli che lei, senza di lui, non si sarebbe mai laureata. Lui si scherniva, sorrideva e piegava leggermente il capo da un lato, cosí come gli avevo visto fare nella foto in cui era solo un ragazzo al liceo.

13.

La sua gioventú molto probabilmente ebbe termine nell'estate del 1971, quando incontrò per le ultime volte Manlio. Anche quel giovane zio si era misurato con il colpo di coda della guerra. Dopo diverse peripezie, aveva perso la vista da un occhio, pur riuscendo a mantenere quella dell'altro. Manlio era diventato insegnante, si era sposato ed era padre di due bambine: Gabriella e Alessia. Momia aveva trent'anni, un figlio di quattro e una di sette. A distanza di tempo sembravano due coetanei. Momia andava a trovarlo verso le quattro del pomeriggio, quando la moglie dello zio usciva per aprire lo studio medico. Nell'ampio balcone al quinto piano, il corpo consumato e imprigionato dai tentacoli della malattia, Manlio era abbandonato sulla sdraio di tela arancione. Momia si sedeva sul dondolo bianco di metallo. Il monotono e lento cigolio dei ganci offriva a suo zio, che sonnecchiava a occhi chiusi, il segnale confortevole della sua presenza.

Il torpore di Manlio era indotto da farmaci che ingeriva ogni trenta minuti. Con le dita, senza guardare, di volta in volta, selezionava e afferrava, dal ripiano dello sgabello, il tubetto di compresse prescritto. Ogni tanto si addormentava. Ad ogni risveglio rivolgeva a Momia frasi gentili colme di gratitudine. La voce era ormai un flebile ricordo. Da un balcone all'altro della via angusta risuonavano i crepitii delle clic-clac, il gioco che quell'estate dilagò a Roma. Si trattava di due palline di legno legate a sottili cordicelle di nylon tenute insieme da un manico di plastica a cui bastava dare un colpo di polso per avviare un insistito impatto delle biglie con un movimento semirotatorio. L'oscillazione continua e il suono legnoso prodotto dalle palline potevano infastidire per l'ossessività, ma il piú delle volte attraevano chi l'ascoltava con un'inspiegabile forza ipnotica.

I capelli di Manlio erano ancora neri e contrastavano con il bianco del cuscino poggiato sulla sdraio arancione. I grandi baffi scuri erano gli stessi che tanto avevano colpito la fantasia del piccolo Momia. La fossetta al centro del mento possente invece si era dissolta. Non esisteva piú la tana, il ricovero, per le incertezze infantili.

Con Gabriella, la figlia maggiore di Manlio, ci siamo sentiti spesso negli ultimi anni. È una dottoressa, come sua madre, e l'abbiamo interpellata soprattutto per chiederle chiarimenti sull'aggravarsi delle condizioni di salute di mio padre. Non abbiamo mai parlato però di quel legame cosí particolare che aveva unito zio e nipote al tempo della guerra. Nei miei ricordi, il padre di Gabriella è un'apparizione fugace.

La chiamo al telefono. Le dico della scheggia nella mano. Poi le chiedo di suo padre Manlio. Mi confessa che loro due, purtroppo, hanno condiviso poco tempo insieme. Suo padre è mancato quando lei aveva appena quattordici anni.

Dall'altra parte della cornetta Gabriella, prima di rispondere alle mie domande, rimane in silenzio per qualche secondo. Come se rivivesse l'emozione. Dice però che hanno parlato molto tra loro, di cosí tante cose, che le sembra lo stesso di aver vissuto con lui una vita intera.

Sorprende la scia durevole che ciascuno lascia su chi gli è rimasto vicino. L'aura, pure esile, che permane nonostante tutto.

Mi racconta che lui ogni giorno l'accompagnava a scuola. Il padre entrava come insegnante e lei come giovanissima alunna.

Con Momia, mi dice, scherzavano sempre. Erano complici e si divertivano. Erano due intelligenze gentili.

Qualche giorno dopo, quando pranziamo insieme, Gabriella mi consegna un cd con un filmato.

A casa impiego piú di due ore per farlo partire. Sullo schermo luminescente appaiono bande colorate verticali. Poi iniziano a scorrere le riprese della fine degli anni Sessanta che Manlio realizzò sotto la spinta dell'entusiasmo per l'arrivo in Italia della telecamera con la pellicola super 8. Nella prima sequenza Manlio insegue Alessia, la figlia piú piccola, quando aveva forse un paio d'anni. La sorellina di Gabriella indossa un abitino rosso estivo e rincorre dei piccioni che beccano gli avanzi di cibo vicino alle bancarelle di un mercato di paese. Ha una fasciatura al ginocchio della gamba destra. Manlio la segue in ogni mossa e piroetta. Le immagini restituiscono l'amore paterno, ma anche qualcosa di piú. Forse sapeva già del proprio male e subiva la malía che emana la vita quando prende una forma cosí esile e, allo stesso tempo, cosí resistente.

In alcune riprese registrate a Pescara si vede un'aiuola. I fiori sono sistemati in modo da ricomporre la data di quel giorno. Era un sabato, il 3 agosto, il giorno del suo compleanno. Per la prima volta Manlio appare sullo schermo. È seduto di fianco a sua moglie e a sua figlia Alessia. Indossa una maglietta marrone a maniche corte e pantaloni grigi di cotone. Incrocia le mani all'altezza delle ginocchia. I baffi neri e il volto sorridente. La corporatura piú esile di quanto immaginassi. Svela una vaga somiglianza con un giovane Clark Gable. Lo vedo cosí, come un fantasma. Lo zio che era stato amato da mio padre.

14.

Piú procedo con la raccolta dei frammenti di vita che non conoscevo, e rievoco ciò che è accaduto, e piú ho l'impressione che posso percorrere questo sentiero solo una volta. Ho la sensazione chiara che la strada si vada richiudendo dietro di me. Per sempre. Mi sembra che ogni scheggia di vissuto, che pensavo perduta, sia come un fiore. È possibile coglierla soltanto una volta.

Dopo un paio di settimane leggo su un quotidiano inglese la notizia dell'imminente apertura di una mostra. In un museo di Lugano verranno svelate per la prima volta le fotografie a colori di Werner Bischof. La giornalista, nell'articolo, parla di un tesoro nascosto: piú di cento stampe a colori ricavate dai negativi originali che non sono mai state mostrate al pubblico. Sono gli scatti realizzati da Werner tra il 1939 e il 1954. Le immagini sono state trovate quattro anni prima, quasi per caso, dal figlio Marco in alcune scatole che contenevano centinaia di negativi a lastre di vetro. Nella mostra saranno incluse, tra le altre, la vista delle rovine del Reichstag a Berlino e lo scheletrico profilo urbano della città di Varsavia. Tra le foto, leggo nell'ultimo paragrafo, ci sarà anche quella di un ragazzino il cui volto è stato sfregiato da una trappola esplosiva.

Qualche giorno dopo prendo un treno per la città del Canton Ticino. Spero di trovare qualcosa. Sopra le rive di Capolago, dalle parti di Mendrisio, i vagoni del convoglio si fermano a lungo. C'è una luce quasi azzurra. A Lugano, dalla stazione, per arrivare al centro della città c'è una funicolare. Cammino sul lungolago punteggiato dai filari di tigli. La giornata è limpida. Gli arbusti di forsizia sono fioriti e brillano di giallo. Qualcuno si lamenta di quell'anticipo di primavera.

Prendo un caffè al tavolino di un bar nei pressi dell'imbarcadero da dove partono i battelli che regalano ai turisti il sollievo di una gita sulle acque tranquille. Una famiglia fa la fila in attesa del proprio turno. Un padre, una madre e due bambini con pochi anni di differenza tra loro. I piccoli si fanno gli scherzi tipici di quell'età. Un dispetto. Una maglietta tirata. Il padre li chiama a sé. Poggia i palmi delle mani sui loro petti per tenerli fermi.

Raggiungo piazza Bernardino Luini ed entro nell'edificio della mostra. Nella prima sala scopro che Werner ha scattato gran parte di quelle immagini con una macchina fotografica ora non piú in uso. Si tratta di una Devin Tri-Color, un apparecchio che venne lanciato sul mercato negli anni Trenta. Si chiamava cosí perché, grazie a un'ottica sofisticata, trasmetteva simultaneamente l'immagine a tre lastre di vetro, ognuna delle quali registrava un colore diverso. La prima il rosso, la seconda il verde e la terza il blu. Da queste, nel chiuso di una camera oscura, usando al momento dello sviluppo alcuni determinati filtri, se ne ricavavano immagini a colori molto particolari.

Quella macchina fotografica era all'epoca un'innovazione cosí costosa che in pochi se la potevano permettere. A Werner venne data in prestito dalla casa editrice Conzett & Huber di Zurigo, che editava la rivista «Du». In cambio, Bischof aveva promesso di usarla per alcuni scatti da pubblicare sul magazine.

Le sale sono molto ampie. C'è molto spazio per girare e osservare le stampe disposte sulle pareti bianche senza correre il rischio di essere ostacolati dagli altri visitatori. I colori sono vividi. Quasi fluorescenti.

C'è nel colore un mistero che per me assume dimensioni vertiginose. Non ho mai saputo se mio padre, in quella sua zona di confine tra la vista e la cecità, negli anni della sua vita in cui io ero ancora un bambino, percepisse ancora, e con quale grado di precisione, i colori. Non ho mai osato chiedergli cosa visualizzasse nella sua mente quando pensava al giallo della mimosa o al rosso delle tegole. Quale frequenza vibrasse nel suo pensiero.

Quando l'ho chiesto a mia madre, qualche giorno prima di partire per Lugano, neppure lei ha saputo dirmi alcunché con sicurezza. Mi ha fatto capire di essere convinta che mio padre trovasse il modo di scoprire, dalle testimonianze degli altri, i colori delle cose cosí da poterli sempre nominare. Con ogni sotterfugio chiedeva e si faceva dire. E poi citava i colori come se ne avesse un'esperienza diretta. La tela arancione della sdraio su cui sedeva Manlio. Il manico di plastica blu delle clic-clac. In realtà, è molto probabile che non distinguesse i colori.

Ricordo un testo in cui Jorge Luis Borges raccontava della propria cecità. Della perdita della vista, progressiva e inesorabile, e inspiegabile per lui, con cui dovette fare i conti. Aveva cinquantacinque anni quando, dopo numerose operazioni, i suoi occhi smisero del tutto di vedere. Il procedere della cecità coincise per lui proprio con la sparizione graduale dei colori. Scrisse che il colore che gli fu piú fedele fu il giallo. Il bianco invece si confuse presto con il grigio. In quanto al rosso, diceva, scomparve del tutto.

Vago tra le sale, pronto a lasciarmi colpire da quelle immagini. Alcune, piú di altre, reclamano la mia attenzione. Lo scatto di un fiore, un dente di leone ripreso da molto vicino. Il colore è vivo e sorprendente. Saturo. Inaspettato. Il primo piano di una modella con in mano una rosa. Un nudo di donna. Due indossatrici mentre camminano all'aperto con abiti d'epoca durante la settimana della moda di Basilea. Hanno un ombrellino e un ventaglio. Infine mi fermo davanti alle riproduzioni delle Alpi Bernesi.

In una lettera che scrisse a Emil Schulthess, Werner spiegava quanto fosse importante il colore. Mi sorprende un po' che lo dicesse proprio lui che, come tutti i reporter dell'epoca, aveva condotto gran parte del proprio lavoro in bianco e nero, tanto da costruire, con quello stile, un vero e proprio canone. All'amico faceva una confessione. Sperava di scattare foto a colori. Sarebbe stato meraviglioso, almeno per una volta, far vedere i paesaggi, fino ad allora cosí addolorati e cupi, liberati dalla gabbia del bianco e nero. Sarebbe stato meraviglioso restituirli in tutta la loro realtà.

Il colore, per Werner, era libertà.

Nei fogli in cui ha raccontato la sua infanzia, mio padre torna spesso sui colori. A un certo punto, il racconto vero e proprio si interrompe. E trovo scritto da lí in poi, con un corpo del carattere grandissimo, i nomi di alcuni colori. Uno per pagina.

Viola.

Giallo.

Rosso.

Blu.

Forse è una confessione. Forse batté a macchina il nome di quei colori per cercare di ricordarli. Per trattenerli nella mente. O per recuperarli ancora. Come quando chiamiamo qualcuno che non c'è piú sperando che si svegli un'ultima volta.

Il filo che lega Bischof a mio padre, e al bambino di Roermond, è molto intricato. E ricco di echi e rimandi. Riverberi e risonanze che mi si svelano davanti con il trascorrere del tempo.

Quando Werner camminava tra le strade delle città europee sfinite dalla guerra, e poi tra i campi e le vette piú remote dell'Asia e delle Americhe, il suo sguardo non cadeva solamente sui dettagli estetici e compositivi, come accade spesso quando si lavora con il bianco e nero, ma a volte era catturato dai colori e dai loro effetti.

A Robert Capa, nell'aprile del 1952, scrisse che in cuor suo restava «sempre un pittore che passando davanti alle cose vede a colori». La macchina fotografica, e gli scatti in bianco e nero, per quanto fossero il suo strumento espressivo, rimanevano uno dei modi possibili di rappresentare le cose. Un modo però di cui percepiva i limiti. Il colore, invece, quando poteva recuperarlo, era la forma luminosa di un riscatto, una specie di compenso che gli permetteva di realizzare il sogno che aveva fin da ragazzo, quando decise di iscriversi alla Kunstgewerbeschule di Zurigo. Il sogno di indossare l'abito del pittore.

In una sala trovo anche degli scatti realizzati in Italia, quando Bischof si spinse fino ai pressi dell'abbazia di Montecassino, a soli cento chilometri dalla casa di Momia a Borgo San Michele. Le fotografie di questa serie ritraggono imbarcazioni delle forze alleate, contadini, un ulivo secolare, una fattoria vicino Roma. Una donna seduta sugli scalini di casa. Chissà se ha incrociato i passi di mio padre, anche solo per qualche istante.

Continuo a saltare da una parete all'altra quando lo vedo. È lui. Il ragazzino di Roermond. Provo di nuovo un'emozione molto forte. La riproduzione della fotografia è isolata rispetto a tutte le altre. Si trova su una parete mobile. In mezzo alla sala. Il volto è cosí grande che quasi sobbalzo. È come ritrovare, in un luogo pubblico, qualcuno che conosco e non vedo da tanto tempo. In fondo è cosí. Ho quasi pudore ad avvicinarmi per guardarlo, lí, davanti a tutti.

Quando gli sono di fronte, noto sul viso qualcosa di diverso che mi era sempre sfuggito. Vedo le labbra carnose e vive. Colorate. Piene. E poi una piccola ferita, sulla guancia sinistra, ancora aperta. Pare quasi che fuoriesca il rosso vivo del sangue. I capelli, corti e lisci, sono di un biondo cenere. L'arcata sopraccigliare è forte e netta. La sua espressione lascia intravedere, oltre la patina del dolore, una serenità che non avevo mai colto nelle riproduzioni di piú piccole dimensioni. Mi sembra di scorgere un accenno di sorriso tra le labbra. Penso sia rivolto a Werner. E forse, in qualche modo, anche a me che sono venuto a trovarlo.

Scopro cosí quando venne scattata la foto. Il curatore della mostra, Peter Pfrunder, spiega che Werner, subito dopo essere stato a Roermond, dopo aver incontrato il ragazzino alla posta, ripartí in auto per rientrare in Svizzera. Aveva già scattato molte immagini capaci di testimoniare le condizioni in cui la guerra aveva lasciato le città e le persone. Lui ed Emil Schulthess erano sulla via del ritorno. Avevano superato il confine tra Paesi Bassi e Belgio ed erano arrivati ad Anversa. Qui, leggo nei diari mai pubblicati di Schulthess, i due avevano ricevuto un telegramma dalla direzione della rivista «Du»: gli «richiedevano con urgenza fotografie a colori, specialmente per la copertina». Soddisfare quella richiesta non era affatto facile. A quale frammento di mondo, a quale gesto, a quale immagine Werner poteva affidare una simile responsabilità? Quale foto poteva assumersi l'incombenza di dire cosa aveva lasciato dietro di sé la Seconda guerra mondiale?

I due si fermarono in una stanza d'albergo a rivedere le immagini. Erano consapevoli di avere molto materiale. Si trattava di scegliere tra i provini che avevano già sviluppato grazie al laboratorio mobile allestito all'interno della macchina. Li passarono in rassegna a uno a uno. Piú di una volta. Apparve di nuovo davanti ai loro occhi tutto ciò che avevano attraversato. Dei bambini che giocavano all'interno di una chiesa sventrata, un uomo di spalle che percorreva una strada in salita con le macerie lungo il marciapiede, il nero cupo di una distesa indistinta di acciaio e terra. Werner ed Emil quasi si persero di fronte a quelle foto. Sentivano che nessuna era capace di sintetizzare, da sola, tutto ciò che era accaduto.

Fu allora che ripensarono al ragazzino incontrato all'ufficio postale di Roermond. Il volto, e non le macerie. La vita di una persona. Il suo sguardo ferito e non le case diroccate. L'uomo e non le cose. Forse era proprio cosí che ragionava Werner.

I due decisero di tornare a Roermond, anche se non avevano nessuna certezza di rintracciare il ragazzino. Ripercorsero gli oltre cento chilometri che li separavano dalla cittadina olandese. Una volta arrivati, cominciarono a chiedere alle persone che incontravano. Nessuno sembrava in grado di aiutarli. Infine fu il parroco, dal nome rocambolesco di Theodoor Op het Veld, a essere risolutivo. Disse che il ragazzino con le cicatrici era il figlio di un autista. Indicò anche il garage dove avrebbero trovato l'uomo. Werner parlò con lui e gli spiegò le sue intenzioni.

Dovette essere convincente e sincero. Il padre del ragazzino comprese la sua onestà e gli diede il consenso. Bischof, che fino ad allora aveva quasi sempre scattato immagini in bianco e nero, decise che la foto al ragazzino dovesse essere a colori. Ci teneva che si vedesse il contrasto tra la pelle rosata e il colore bluastro, quasi viola, delle cicatrici. Utilizzò cosí la Devin Tri-Color. Mentre sistemava il cavalletto con grande cura, qualche curioso che passava lí accanto commentò con sprezzo quel fotografo irrispettoso del dolore altrui. Werner fece finta di non sentire e chiese al ragazzo di mettersi in posa davanti a un muro, all'angolo di una strada. Fu allora che scattò la foto.

15.

Il viaggio di ritorno in treno da Lugano a Roma è lungo e faticoso. Le gallerie. Le attese alle stazioni. Il rumore continuo. L'irrequietezza di due bambini che non riescono a stare fermi nel chiuso del vagone.

Qualche giorno dopo cerco l'Istituto Romagnoli su internet. Scopro che la scuola esiste ancora. Trovo anche l'indirizzo di posta elettronica. Spero, per un attimo, di rinvenire quel mondo intatto. Scrivo un'e-mail. Chiedo se hanno un archivio e se è possibile verificare la presenza di mio padre nella seconda metà degli anni Quaranta del Novecento. Dico inoltre che mi piacerebbe visitare l'istituto.

Tutto ciò che è stato, diceva mio padre, tornerà a essere di nuovo. Era convinto che la vita seguisse cicli a noi non facilmente comprensibili e che dopo la morte ci sarebbe stato ancora qualcosa. Ciascuno di noi, in qualche forma, sarebbe tornato di nuovo a respirare. A vedere la luce. Diceva io sono; io sono già stato; e quindi sarò di nuovo.

Ciò che ho scoperto dei suoi giorni trascorsi all'istituto ha aperto un varco, dentro di me, verso una dimensione arcana e remota. Ho provato rabbia per ciò che è stato costretto a patire. Allo stesso tempo però è cresciuto nel profondo, come una pianta che non ha bisogno di acqua, il desiderio di visitare quei posti. Senza volerlo, ho maturato il convincimento che all'interno di quelle mura, a distanza di anni, tutto proceda esattamente allo stesso modo. Che nulla sia cambiato. Che ogni rito si replichi uguale a sé stesso. Ripetitivo, domestico, ossessivo. Mi sono convinto che i bambini continuino a camminare tra i viali, a cercarsi con le braccia tese in avanti e i palmi delle mani aperti. Che se ne stiano seduti ai tavolini a rifiutarsi di mangiare. A sfiorare con le dita il plastico dell'Italia sopra le loro teste. A patire ancora le sofferenze notturne.

Dopo poche ore, una notifica del computer mi avvisa dell'arrivo di un nuovo messaggio. Il mittente è proprio la casella postale dell'istituto. Mi promettono che faranno le ricerche su mio padre. In calce alla e-mail mi invitano con gentilezza a visitare le strutture al piú presto.

Quando arrivo, poco prima di mezzogiorno, c'è un bel sole. Cosí come sono rimasto d'accordo con il dirigente scolastico, citofono al cancello d'entrata incastonato tra le mura che cingono l'edificio. Mi viene a prendere lui e insieme camminiamo tra i viali. Fin da subito provo un'emozione di spaesamento. Come di chi si avvicina a qualcosa che ha visto e vissuto, o immaginato a lungo, e si ritrova di fronte a qualcosa di inatteso e spiazzante. Il luogo che, forse senza alcuna motivazione razionale, mi aspettavo familiare, mi turba con la sua estraneità.

Il dirigente mi propone una visita alle diverse strutture all'interno delle mura. C'è un viavai di giovani, tutti tra i venti e i trent'anni. Sembrano indaffarati in qualcosa. Entriamo in un ampio salone con uno schermo luminoso e delle sedie di plastica azzurra disposte in file ordinate. Quello spazio, che a breve ospiterà un seminario, una volta era la palestra dove i ragazzini non vedenti si riunivano per le ore di ginnastica. Sospinte contro la parete, come oggetti antichi tenuti per il loro prestigio, ci sono ancora le spalliere in legno su cui i bambini svolgevano gli esercizi. Entriamo e usciamo da altre grandi sale e da un paio di biblioteche. Quasi tutti gli spazi, che allora erano stati dell'istituto e delle suore, sono ora al servizio di un'università privata.

Parliamo ancora un po' prima di raggiungere un piccolo e basso edificio moderno, l'unico ancora destinato a ciò che resta dell'Istituto Romagnoli. Entriamo. Mentre attraversiamo un corridoio stretto, il dirigente mi spiega che è dispiaciuto, ma non esiste un archivio della scuola. Non esistono registri. Non esistono piú, se non in pochi esemplari, le pagelle con i voti degli studenti. Chiedo se è ancora in vita qualche erede di Augusto Romagnoli. Purtroppo, mi dice, non c'è piú nessuno. Ogni cosa è già stata trasformata in polvere.

A un certo punto però il dirigente mi confida che c'è materiale di altro tipo. Se ho la pazienza di visionarlo magari trovo qualcosa che riguarda mio padre. Mi accompagna in una sala dove mi presenta un docente che si occupa della formazione dei professori di sostegno ai bambini non vedenti nelle scuole pubbliche. Questo insegnante, dopo avermi raccontato ancora qualcosa della storia dell'istituto, mi conduce in una stanza e mi lascia solo con uno scatolone pieno di buste di carta, un computer portatile, alcuni album e qualche cd su cui sono stati riversati, di recente, dei filmini.

Con la perizia di un archeologo, tiro fuori a una a una le buste. La fibra della carta ingiallita di quei contenitori è fragile come la polvere deposta sulle ali di una farfalla. Non appena la tocco, si lacera e si dissolve al contatto con il calore della pelle.

All'interno di ogni busta ci sono le stampe di molte fotografie. Sono in gran parte di piccole dimensioni, e per capire cosa raffigurano devo osservarle con un certo sforzo, come si fa con le miniature molto antiche. Vi sono rappresentate scene di gruppo, momenti di gioco o fasi di un esercizio. Spesso i bambini e le bambine sono distanti dall'obiettivo e i lineamenti dei loro volti non sono facilmente distinguibili. Salvo in pochissimi casi, sul retro di quelle fotografie non è indicata nessuna data.

Nello scatolone trovo inoltre tre piccoli raccoglitori. Li sfoglio. Ciascuno di loro riporta su ogni pagina le foto a mezzo busto di bambini e bambine con il proprio nome e cognome. Risalgono alla fine degli anni Cinquanta e ai primi anni Sessanta. Anche se sono già troppo recenti, e per questo tra quei ritratti non può esserci mio padre, li guardo lo stesso a uno a uno. Non posso non notare il cavo delle orbite degli occhi, l'assenza quasi disperata dello sguardo e del sorriso. Immagino le loro storie fragili. I destini. Quasi sopraffatto da quella moltitudine indifesa e ferita, richiudo l'ultimo raccoglitore prima ancora di terminarlo.

Guardo fuori dalla finestra. Qualche ragazzo passa di corsa. Rimango ancora un po' chiuso nella stanza, senza fare nulla. Senza pensare a nulla.

Quando esco ringrazio il dirigente e il professore che mi ha aiutato in quella ricerca infruttuosa. Non sono riuscito a trovare alcuna traccia di mio padre. Continuo a non sapere quanto sia durata la sua permanenza all'Istituto Romagnoli. Mi sono convinto comunque che il soggiorno coatto in quell'istituto, vestigio misterioso di qualcosa che non esiste piú, fu l'innesco dell'unico riscatto possibile per lui.

Attraverso i giardini ampi e rigogliosi, dove piú di settant'anni prima era arrivato mio padre. Faccio qualche passo, avanti e indietro. Poi mi inoltro negli spazi dove Romagnoli aveva previsto che i bambini facessero i loro giochi per imparare a orientarsi nello spazio facendo attenzione a non urtarsi e cadere.

Chiudo gli occhi per alcuni interminabili minuti e provo a camminare cosí. Senza guardare. Sento la ghiaia sotto i piedi, il frusciare dei cespugli di mortella e il fiotto d'acqua della fontana che scorre poco distante da lí.

16.

Mi piace pensare che proprio Bischof, che traeva nutrimento da ciò che riusciva a catturare con lo sguardo, comprendesse fino in fondo le costrizioni di chi invece era privo della vista. Nell'aprile del 1944, mentre era ancora a Zurigo, Werner andò dalle parti di Hottingerplatz, nella zona alta della città, non lontano dall'ospedale pediatrico, dove si trovava la scuola fondata da Marie-Elisabeth Scheiblauer. Al pari di Romagnoli in Italia, Mimi – il nomignolo con cui si faceva chiamare la docente – aveva messo a punto in Svizzera un metodo rivoluzionario per l'istruzione e la formazione dei bambini alle prese con gravi disturbi alla percezione sensoriale. Era una docente di ritmica musicale e utilizzava il pianoforte per favorire le attività motorie dei piccoli. Il movimento, secondo lei, cosí come per Romagnoli, era la porta attraverso cui ciascuno può guardare nella parte piú profonda di sé. E la musica aveva la capacità di aprire quella porta.

Scheiblauer era minuta di corporatura. Indossava spesso abiti scuri e portava sempre i capelli, luminosamente argentei, raccolti con l'aiuto di forcine. Era nata a Lucerna e si era trasferita a Basilea con la famiglia. Non si era mai sposata. La sua dedizione alla causa le assorbiva ogni tipo di energia. Gli esercizi che aveva elaborato mettendo a frutto la sua esperienza prevedevano che i piccoli facessero movimenti diversi a seconda del tipo di suono prodotto dal pianoforte. Ad esempio, se Mimi eseguiva una semplice partitura sui tasti intermedi, loro dovevano muovere le gambe rimanendo seduti. Se invece pigiava i tasti sulle note basse, dovevano sdraiarsi sul pavimento e muoversi rimanendo con il petto aderente a terra. Se infine sollecitava le note piú alte, dovevano alzarsi in piedi sulla sedia e agitare le braccia sopra la testa. I bambini ascoltavano con attenzione le sue esecuzioni. Ogni movimento in piú che riuscivano a compiere in autonomia rappresentava per loro un segnale di risveglio.

Molto probabilmente, quando Werner si recò alla sua scuola, incontrò Mimi e ci parlò. Mimi all'epoca aveva cinquantatre anni. Lasciò che il fotografo facesse il suo lavoro per il reportage che poi venne pubblicato sulla rivista «Du». Per la copertina di quel numero, fu scelta la riproduzione di un quadro del pittore Albert Anker conservato alla Kunsthaus di Zurigo, vicino alla scuola di Mimi. Nel dipinto era ritratto il pedagogo svizzero Johann Heinrich Pestalozzi con in braccio un bambino. Una luce forte proviene dall'esterno attraverso una porta socchiusa. L'uomo stringe a sé il piccolo e l'insieme evoca tenerezza e amore. Ai suoi lati, altri due bimbi lo cercano come farebbero due cuccioli con la madre.

In uno scatto che Werner realizzò durante quella visita, si vedono tre bambini con gli occhi socchiusi mentre alzano il braccio destro sopra la propria testa. Con la sinistra tengono un tamburello vicino all'orecchio. I piccoli, illuminati da una luce frontale, appaiono soli e concentrati sull'esercizio. L'immagine, a differenza del quadro di Anker, suscita apprensione. Di quella serie, la foto che mi colpisce di piú è comunque un'altra, quella dove Werner ha scelto di immortalare il primo piano di una ragazzina con gli occhi socchiusi e i capelli pettinati all'indietro e raccolti da alcuni fermagli. La parte destra del volto è nascosta allo sguardo dell'osservatore, ma si intuisce una luce che, da quel lato, filtra attraverso la pelle tesa del tamburello a cui la bambina ha accostato l'orecchio. L'altra parte, invece, quella esposta allo sguardo dell'osservatore, è rimasta in ombra. La ragazzina è alle prese con il tentativo di approdare in uno spazio intimo tutto suo, dove la luce e il buio smettono di ricordarle le condizioni in cui si trova. Non sono riuscito a rintracciare tra gli appunti di Bischof una riflessione su ciò che aveva visto in occasione di quella visita alla scuola di Mimi, sulle parole che molto probabilmente avrà scambiato con qualche ragazzino. Sull'amore per la musica. Sul fascino di quello strumento in legno simile a una barca e sulla vibrazione che produceva la pressione di quei tasti bianchi e neri.

Il pianoforte aveva accompagnato anche l'infanzia di mio padre, quando abbandonò l'Istituto Romagnoli. All'inizio gli venne imposto di seguire delle lezioni private. Si tenevano a casa di un'insegnante in via Monza, in una di quelle costruzioni edificate agli inizi del Novecento dall'Istituto Case Popolari poco fuori dalle mura Aureliane, nel quartiere dell'Appio Latino. Il solfeggio e gli studi di musica classica, però, non erano nelle sue corde. Quando lui e sua sorella arrivavano a lezione, e rimanevano seduti in attesa che l'insegnante li facesse entrare nella stanza con il pianoforte, Meri ripassava a memoria tutti i passaggi cruciali, i movimenti della mano destra e quelli della sinistra. Tutte le parti in cui aveva trovato maggiori difficoltà. Diteggiava sulle balze della gonna come se suonasse sulla tastiera. Momia invece si faceva rapire dall'odore di vaniglia che saliva dal laboratorio della pasticceria al piano della strada, lí sotto. Mio padre, che arrivava quasi sempre senza aver studiato per bene la partitura, e probabilmente ancora affamato, si inebriava di quel profumo di dolce immaginando il sapore di biscotti buonissimi. Distratto da quelle fragranze, per non mostrare tutta la sua impreparazione, ricorreva spesso a un escamotage che prevedeva l'aiuto di sua sorella. Mentre si sedeva al pianoforte per eseguire la sua parte, Meri gli rimaneva accanto e lo toccava sulle spalle. Tutte le volte che era indeciso nell'esecuzione, lei, grazie a un codice di messaggi tattili messo a punto insieme, gli dava le indicazioni necessarie per procedere con la partitura.

Lo studio della musica classica non gli era congeniale, come invece lo era per Meri, che si diplomò in pianoforte al conservatorio di Santa Cecilia. Non so cosa non avesse funzionato. Forse quel tipo di componimenti, almeno per lui che muoveva i primi passi, dovette apparirgli caratterizzato da una certa rigidità. Da adulto poteva rimanere ad ascoltare per ore le opere per clavicembalo di Johann Sebastian Bach, le polonaise e i preludi di Fryderyk Chopin o le sonate di Ludwig van Beethoven. Eppure, quando si sedeva allo sgabello con il cuscino imbottito del piccolo pianoforte verticale che avevamo in casa, non lo avevo mai visto eseguire uno di quei temi. Cominciava invece con piccole frasi melodiche dove a prevalere erano gli accenti ritmici, in cui il tempo era cadenzato in maniera meno rigida. Frammenti che si sposavano meglio con il sinuoso andamento del jazz, dove quasi mai si cominciava in battere, ma si preferiva quasi sempre andare in levare. Avanzava quindi con delle coloriture notturne. Finché dopo qualche istante, grazie alla melodia suonata con la mano sinistra, e quasi appoggiandosi sopra il percussivo movimento della destra, si capiva che stava attaccando per l'ennesima volta *Misty* o *I'm In the Mood for Love*, i pezzi che amava di piú e che doveva aver ascoltato milioni di volte nell'interpretazione di Erroll Garner, il pianista afroamericano che amava visceralmente. Non mi aveva mai raccontato dove li avesse ascoltati per la prima volta. Forse in uno di quei dischi che gli arrivavano dall'America, spediti dagli zii emigrati al di là dell'oceano. O forse in uno dei programmi radiofonici con cui era cresciuto.

In casa tenemmo sempre lo stesso piccolo piano verticale nero. Meri, invece, comprò un pianoforte a coda sui cui tasti dilatava i movimenti delle dita alla ricerca dell'ampiezza armonica delle composizioni classiche che amava di piú. Momia, al contrario, si divertiva a rincantucciarsi su piú minute dimensioni melodiche, e a insistere su alcuni tasti, a battere il piede, a ciondolare con il ritmo in un andamento furbo e ammiccante.

Quando, di tanto in tanto, veniva a casa un accordatore, un signore magrolino e ossuto, lui e mio padre parlavano tutto il tempo di Erroll Garner e dei pianisti come Horace Silver o Oscar Peterson. Una volta sentii mio padre raccontargli che insieme alla sorella partecipò a una trasmissione radiofonica della Rai presentata da Nunzio Filogamo. Furono invitati in qualità di piccoli prodigi. Non ricordava, o non voleva ricordare, che cosa fu costretto a suonare, pur di far risaltare tutto il talento di sua sorella. Di quel giorno amava dire soprattutto che ebbe l'opportunità di conoscere la giovane attrice e ballerina che usava lo pseudonimo di Delia Scala. Lo immagino fremere quando sentí avvicinarsi quella profumata bellezza, allora cosí moderna e sorprendente.

Anche negli ultimi tempi, quando non era piú in grado di capire ed esprimersi, tornava al pianoforte e ritrovava ancora quei piccoli frammenti di musica. I suoi sprazzi di Garner erano come piccoli oggetti che lui rintracciava sulla tastiera, senza dover guardare nulla, senza dover leggere alcuno spartito.

L'ultima volta che si avvicinò al pianoforte, qualche giorno prima di morire, c'ero anch'io. Si mise a cercare quei frammenti, ma si perse tra i tasti senza trovare nulla.

17.

Voglio fare un ultimo tentativo per sapere di piú sulla permanenza di mio padre all'Istituto Romagnoli. Riesco a rintracciare il numero di telefono di Italo, uno dei suoi amici di piú lunga data. Anche lui ha perso la vista, da ragazzino, per l'esplosione di una mina antiuomo. In quella circostanza morí a pochi passi da lui un fratello. Con mio padre avevano condiviso alcuni eventi cruciali della vita adulta, ma non ricordo in quale occasione si conobbero. Per qualche ragione mi sono convinto che si incontrarono proprio in quel collegio.

Un pensiero però mi trattiene. Negli ultimi vent'anni mio padre e Italo non si sono piú sentiti. Qualcosa è accaduto tra loro che io non so. Prendo comunque coraggio. Conto su quello che ricordo essere il buono spirito di Italo. Tanto mio padre era imprevedibile nei passaggi d'umore, alternando repentinamente la voglia austera di restarsene solo all'irrefrenabile desiderio di sedurre e intrattenere gli altri, tanto Italo era prevedibile e rassicurante, con la sua marcata cadenza romanesca e un'innata predisposizione al sorriso.

Dopo che il telefono squilla a lungo, quando risponde, lo ritrovo cosí com'era quando lo avevo conosciuto tanti anni prima. Lo chiamo «Italino», d'istinto, come faceva mio padre, che si rivolgeva all'amico con quel diminutivo assecondando un certo gusto per il paradosso, visto che Italo era piú alto e robusto di lui. Italo è caloroso con me, capisco che ha provato, e prova, un affetto inalterato per mio padre. La sua scomparsa, che è arrivata dopo quel lungo silenzio tra i due, lo ha addolorato. Parliamo di quello che è successo. A un certo punto gli chiedo dell'Istituto Romagnoli. Dice che non ne sa nulla. In realtà scopro che non si conobbero da ragazzini, ma piú tardi, quando erano poco piú che trentenni, durante i primi anni Settanta, in occasione di alcune riunioni dell'Unione italiana dei ciechi a cui mio padre decise, contro voglia, di partecipare spinto soprattutto dal bisogno di vedersi riconosciuto un risarcimento per tutto quello che aveva subito.

In quelle assemblee, in cui si ritrovavano tutte le tipologie di non vedenti, sia civili sia vittime di guerra, si parlava molto e non si concludeva mai nulla. Con Mimmo, dice Italo riferendosi a mio padre con quel vezzeggiativo che usavano tutti per chiamarlo in età adulta, ci trovammo subito. Pensavamo che fosse necessario cambiare qualcosa. Decidemmo cosí di dar vita a un'altra associazione, che rappresentasse con piú convinzione i bisogni di chi aveva avuto i nostri stessi problemi per colpa della guerra. Racconta che presentarono una mozione, la quale però venne respinta. Alla fine andarono lo stesso da un notaio. Portarono uno statuto e quello bastò a far cominciare la loro avventura. All'inizio, mi confida Italo, li seguirono solo in otto o nove. Avevano tutti contro, al punto che la stessa Unione dei ciechi redasse una circolare per ribadire un punto fermo: tutti quelli che si fossero iscritti alla nuova associazione sarebbero stati istantaneamente espulsi. Non stupisce quindi che molti ebbero paura di seguire mio padre e Italo in quella scissione.

Italo mi ricorda che un giorno del 1974 un gruppetto composto dai primi membri di quell'associazione si incatenò alla Fontana dei Dioscuri, davanti al palazzo del Quirinale. Si legarono con delle catene comprate da un ferramenta, poi chiusero i lucchetti e nascosero le chiavi in tasca. Me li vedo con le loro giacche strette, i baffi folti che coprono le labbra, i pantaloni a zampa d'elefante e i mocassini lucidi mentre manifestano la propria indignazione attaccati alla vasca della fontana, sotto le due maestose figure maschili che tengono a freno i cavalli imbizzarriti. Mi tornano in mente le fotografie apparse sulle pagine di un quotidiano, forse si trattava di «Paese Sera».

Qualche anno piú tardi, per attirare l'attenzione dei politici e dell'opinione pubblica sui loro problemi, provarono a seguire un'altra strada. Nel giugno del 1977 Italo e mio padre, insieme ad altri due membri dell'associazione, si presentarono all'entrata della Rai in via Teulada. Dissero che dovevano salutare una persona cara. Gli addetti alla sicurezza però negarono l'accesso. Solo dopo alcune insistenze si convinsero delle loro buone intenzioni. Le guardie pensarono che in fondo erano non vedenti, non avrebbero disturbato nessuno. Italo e mio padre, una volta dentro, in pochi minuti, con i loro due accompagnatori, riuscirono invece a rintracciare lo studio di Gustavo Selva, allora direttore del giornale radio di Rai 2. Quando quello se li ritrovò davanti, provò a parlarci ma poi, infastidito dalla loro presenza, chiamò le forze dell'ordine. I poliziotti arrivarono in fretta e trovarono mio padre, Italo e gli accompagnatori seduti sulle poltrone. Non avevano nessuna intenzione di alzarsi. Il commissario provò a convincerli, con le buone maniere, a liberare lo studio. Senza riuscirci. Noi non andiamo da nessuna parte. Se volete portarci via, dovete farlo con la forza. Spiegarono che erano costretti a gesti di quel genere perché non avevano ancora ricevuto nulla di quello che gli spettava. Il commissario capí e li lasciò fare. Passarono in quello studio tutta la notte. Al mattino un impiegato della Rai offrí un caffè e un cornetto a ciascuno di loro.

Mio padre e Italo erano intenzionati a portare avanti quell'occupazione ancora a lungo, ma furono costretti ad abbandonare gli studi molto presto. Proprio quel giorno, il 3 giugno, le Brigate Rosse spararono al giornalista Emilio Rossi, allora direttore del Tg1, mentre si trovava alla fermata dell'autobus per recarsi in via Teulada.

Italo mi dice che passavano ore e ore a discutere, a parlare. I lavori, le riunioni, la rabbia che montava. Ogni discussione era mirata a definire norme che potessero essere approvate in Parlamento. Incontrarono alcuni senatori. I nomi di quei politici, Faustino Zugno o Remo Segnana, mi sono sconosciuti. Qualcuno di loro, mi spiega Italo, si impegnava a portare avanti le loro istanze. Ma poi, anche quando promettevano di darsi da fare, non succedeva mai nulla di decisivo. Allora alla speranza seguiva quasi sempre un silenzio disilluso. Quella stasi spegneva entusiasmi e velleità. Poi però tornavano sempre a immaginare nuove forme di protesta.

Ricordo l'eccitazione con cui mio padre tornava a casa dopo quelle notti di occupazione. Il modo con cui spiegava e raccontava. C'era una vivacità nella voce, una baldanza e una passione accompagnate da una precisa lucidità. Ricordo come muoveva le mani e le dita mentre spiegava ciò che era accaduto. Quando sentiva che la logica delle sue argomentazioni diventava stringente, batteva piú volte il medio sul pollice, come se in quel modo sancisse la certificazione di una verità inoppugnabile. Ricordo le notti preoccupate di mia madre. Le sue lunghe e solitarie veglie in attesa del marito, dopo che al mattino aveva scelto con cura gli abiti e i colori piú adatti per lui. Allora pensavo a mio padre e ai suoi amici come a tigri ferite. Pensavo a mio padre come a qualcuno capace di ogni cosa. E non mi rendevo conto della fatica e dello stress che quelle imprese gli costavano. Dello sforzo incredibile a cui si costringeva. Dopo molti anni scoprii che una di quelle notti di protesta, a causa di un'ulcera gastrica, di un sanguinamento interno allo stomaco, invece di farsi fare un'iniezione, di cui forse aveva timore dai tempi trascorsi all'Umberto I da bambino, aveva ingurgitato per via orale il contenuto della fiala.

Una notte, infine, Amintore Fanfani, uno dei politici italiani piú importanti dell'epoca, accettò di incontrarli. Fanfani aveva ricoperto quasi tutte le cariche istituzionali e in quel momento era il presidente del Senato per la seconda legislatura. Era stato piú volte presidente del Consiglio e a lungo segretario della Democrazia Cristiana. Li accolse nel suo studio. La scrivania, da quanto ricordava mio padre, era ingombra di oggetti vari, penne e altre cose di difficile identificazione, perché le sedie su cui furono fatti accomodare erano state sistemate a una certa distanza. Mio padre riusciva a intravedere solo qualcosa nella penombra visiva. Il leader della Democrazia Cristiana ascoltò senza grande interesse i loro argomenti. Le richieste, gli spiegarono, erano già state formalizzate. Esisteva già una norma di legge presentata da alcuni parlamentari. Si trattava soltanto di trovare il giorno in cui le camere del Parlamento la ponessero in discussione e la votassero. Lui era il presidente del Senato, aveva il potere e gli strumenti di calendarizzare la votazione. Fanfani lasciò che formulassero le loro richieste. Quasi sempre a parlare per conto dell'associazione era proprio mio padre. Il titolo di avvocato, gli studi in giurisprudenza, la tendenza a preferire l'essenzialità dell'argomentazione. Quella sera aveva detto tutto ciò che doveva. Nel silenzio dello studio si sentiva il remoto ticchettare di un orologio. Nei giorni che seguirono, però, non successe nulla.

Nei mesi successivi, una ristretta rappresentanza dell'associazione riuscí a occupare alcune stanze della Camera dei Deputati. Dopo diverse ore, Sandro Pertini, che allora la presiedeva, li ricevette nel suo studio. Era l'una e mezza di notte. Si sedette vicino a loro. Di tanto in tanto sfiorava una mano per far sentire la sua presenza. Poi chiamò il relatore della legge che doveva essere discussa il giorno dopo. Lo fece alzare dal letto e pretese che li raggiungesse. Mio padre e Italo si scusarono con Pertini e con il relatore per quel disturbo. Pertini disse che era lui che si scusava con loro. Al mattino però cadde il governo.

Poi avvenne qualcosa di orribile. Non ricordo quando accadde. Ricordo solo che era inverno. Mio padre fu caricato e picchiato dalle forze dell'ordine in una delle sue ultime manifestazioni.

Cerco nel suo studio i ritagli dei giornali che riportarono la notizia e che, ricordo, aveva conservato. Ma non li trovo in nessun cassetto o ripiano della libreria. Evidentemente, a un certo punto della sua vita, ha voluto buttare via ogni cosa. Un gesto, in fondo, del tutto coerente con il suo spirito irrequieto.

Infine ne recupero traccia negli archivi del Parlamento. Mi metto a leggere, senza seguire una sequenza rigorosa, le trascrizioni delle sedute del Senato e della Camera dei Deputati di quegli anni. Ne scelgo alcune tra quelle che si tennero a ridosso della discussione e dell'approvazione della legge che poi assicurò ai ciechi di guerra una tranquillità economica. A lungo non trovo nulla, finché non arrivo alla seduta della Camera di martedí 15 dicembre 1981. A presiederla era Nilde Iotti. A un certo punto di quella seduta, durante le interrogazioni a risposta orale, i deputati radicali Alessandro Tessari, Adelaide Aglietta, Giuseppe Rippa, Emma Bonino e Roberto Cicciomessere si alzarono in piedi e posero delle domande a un membro del governo. Il destinatario dei quesiti era l'allora ministro dell'Interno Giovanni Spadolini, lo storico segretario del Partito Repubblicano Italiano. I deputati radicali gli chiedevano conto del gravissimo fatto accaduto qualche giorno prima proprio davanti al Senato della Repubblica. In piazza Navona.

Una delegazione dell'Associazione italiana Ciechi di Guerra aveva chiesto di conferire con i membri della Commissione finanze e tesoro del Senato. Tra loro c'era anche mio padre, l'avvocato Domenico Pace. Aveva da poco compiuto quarantuno anni. I delegati di quel gruppetto erano tutti ciechi di guerra. Tutti ex bambini feriti in seguito all'esplosione di una mina. Volevano semplicemente conoscere i tempi legislativi della norma sulla pensionistica di guerra che li riguardava. E assicurarsi che venisse finalmente votata. Sembrava infatti che la Commissione, contrariamente alle attese, fosse propensa a bocciarla e rimandarla indietro. Per mio padre e i suoi compagni sarebbe stato inaccettabile.

La delegazione non fu ricevuta. Non solo. Le persone che componevano quel piccolo comitato, secondo quanto ricostruito dai deputati radicali sulla base di vari resoconti, furono brutalmente malmenate dagli agenti di polizia. Caricate e picchiate assieme ai loro accompagnatori. Tutto ciò nella generale indifferenza.

18.

In giardino, i fiori pieni e carnosi delle due magnolie hanno aperto i loro grandi petali. I raggi di sole filtrano appena nell'intricato mondo vegetale dei due maestosi alberi ma le escrescenze floreali sono cosí luminose da emanare una propria luce. Sono doni che, nottetempo, qualcuno ha deciso di offrire a chi decide di fermarsi a guardare. Dal mio studio, al di qua dei vetri chiusi, mi sembra di sentirne il fresco profumo.

Ho trovato la riposta di Marco Bischof nella casella di posta elettronica, tra i messaggi considerati spazzatura dal firewall, forse perché è la prima volta che mi scrive. Mi fa sapere che gli piacerebbe incontrarmi a Zurigo per parlare del padre e del ragazzino di Roermond. Su quel bambino, nel corso del tempo, ha scoperto qualcosa.

Piú di dieci anni prima, alla fine di febbraio 2011, in occasione di una mostra con le immagini scattate dal padre dal titolo *L'occhio compassionevole*, era stata esposta anche la foto che ormai da un po' di tempo mi guida con la forza delle entità evocate. La mostra fu allestita nella pinacoteca della cittadina olandese di Helmond, nel Brabante settentrionale, a meno di cinquanta chilometri da Roermond, dove Werner aveva incontrato il ragazzino.

D'accordo con il museo, qualche mese prima del vernissage Marco aveva lanciato una campagna che aveva lo scopo di restituire un'identità a quel volto giovanissimo fino ad allora rimasto anonimo. Purtroppo, a quella richiesta di aiuto, non aveva risposto nessuno. Ma Marco non si era dato per vinto e a un paio di mesi dall'inaugurazione della mostra, grazie all'aiuto del curatore Frank Hoenjet, si era rivolto al giornale locale per pubblicare online la notizia della ricerca. Entro qualche ora si era fatto avanti un uomo di ottant'anni: Gerrit, il fratello gemello del ragazzino di Roermond.

Marco nell'e-mail mi racconta che il bambino ritratto nella foto si chiama Jo Corbey. All'epoca, quando Werner scattò la foto, il ragazzino, che a me sembrava piú piccolo, aveva già sedici anni. Una decina in piú di quanti ne avesse mio padre il giorno in cui incappò nell'esplosione della mina.

La somiglianza tra i due bambini, nonostante la differenza di età, appare ai miei occhi ancor piú sorprendente. Penso che non sia vero che il dolore ci invecchi. Al contrario, finisce per inchiodarci crudelmente al mondo dell'infanzia e ci impedisce di crescere, di arrivare alla maturità e al compimento di noi stessi.

Marco mi spedisce da Zurigo anche un paio di foto in cui i due piccoli fratelli, Jo e Gerrit, sono stati ritratti assieme. Sono le prime tessere del puzzle che riesco a raccogliere.

Mi racconta anche altri dettagli. Poi mi scrive che tutto il resto preferisce svelarmelo quando ci incontreremo di persona a Zurigo. Proviamo a fissare una data.

19.

Per qualche ragione non voglio aspettare fino al giorno concordato con Marco. Qualcosa di urgente mi spinge. Qualcosa che ha a che fare con la necessità. Guardo su google maps dove si trova Roermond. Penso a quale sia il mezzo migliore per arrivarci. Nonostante le mie paure e le mie resistenze a volare, prendo un aereo e atterro ad Amsterdam. Trascorro la notte in un albergo non distante dalla stazione. Mi viene in mente che quando Werner si mise in viaggio nell'immediato dopoguerra, non c'erano alberghi o ricoveri di altro tipo, tanto che la Croce Rossa svizzera, al seguito della quale viaggiò per molto tempo, gli forní una tenda da campo dove trascorrere le notti al riparo dalle intemperie.

Al mattino, un treno intercity mi porta, in un paio d'ore, fino al piccolo centro dove ha vissuto il ragazzino. Ripercorro quasi la strada di Werner. Sono passati cosí tanti anni. Un supermercato di cibo asiatico con le insegne colorate. Un grande edificio in cui si vendono ceramiche per il bagno. La minuziosa disposizione delle case, a due o tre piani. Il silenzio, quasi asettico, irreale, delle cittadine del Nord Europa. Nulla è piú come prima.

Inizia cosí il mio cammino verso Jo. Verso il bambino che senza saperlo mi ha riavvicinato a mio padre.

Comincia con il suo nome, il suo cognome e due foto tra le mani. Con quel poco che Marco mi ha messo a disposizione. Non ho nient'altro. Su di lui, infatti, si trova pochissimo. Quasi nulla. Solo qualche articolo che fa riferimento alla mostra con le foto a colori. Si nomina il ragazzino di Roermond, si ritorna alla storia del viaggio che Werner compí in bicicletta subito dopo la guerra, ma non si aggiunge altro. Non si precisa nemmeno che la foto, in realtà, non fu scattata in occasione di quell'incontro all'ufficio postale.

L'inverno non è arrivato neppure qui. E d'estate pare che faccia sempre piú caldo. In un caffè, vicino a un canale, parlo in un miscuglio di inglese e tedesco con una donna in là con gli anni. Le dico che vengo dall'Italia, dove per il caldo sono scoppiati molti incendi. Mi guarda senza essere troppo sorpresa. Dice che ormai è cosí. Le temperature sono sempre piú alte. In certi casi è pure un piacere. Un bel piacere. Ma questo caldo, sospira, è una trappola. Un inganno. Alla fine cita un proverbio olandese dei suoi tempi. Non capisco una parola. Me lo faccio scrivere su un foglietto: Zachte winters, vette kerkhoven. Se d'inverno non fa freddo, poi si riempiono i cimiteri.

Nel tardo pomeriggio torno ad Amsterdam. Di sera, nella mia stanza, sfoglio un quotidiano internazionale che ho comprato in stazione. Leggo che l'Ucraina nel frattempo è diventato il paese con il maggior numero di mine piazzate nel proprio sottosuolo. Si stima che piú di centomila chilometri quadrati di territorio siano contaminati da esplosivi, bombe inesplose e altri ordigni diabolici. Nell'approfondimento del giornale è riportata anche la testimonianza diretta di un chirurgo siriano che è partito volontario per prestare soccorso in un ospedale di Zaporižžja. Racconta che ormai gli capita di operare con una frequenza sempre maggiore giovani ragazzi che hanno riportato ferite da mina antiuomo e descrive le lacerazioni come un groviglio di tendini, ossa e muscoli. La deflagrazione delle mine, spiega, cambia i tessuti del corpo a livello molecolare. Parte di quelli vanno in putrefazione e devono essere rimossi. Le decisioni spesso vanno prese in un lasso di tempo molto breve.

Un giorno è arrivato un ragazzo che era da poco saltato in aria a pochi passi da una mina. Anche lui era diventato uno strano frutto. Il chirurgo ha dovuto decidere nel giro di dieci minuti se amputare o meno entrambe le gambe. Per giorni, dopo l'operazione, non ha fatto altro che pensare a quel ragazzo.

20.

Una mattina, all'archivio dell'anagrafe della regione del Limburgo, trovo lo stato di famiglia del padre di Jo: Maria Hubertus Antoon Emanuel Corbeij. Emanuel, per gli amici e i familiari. È nato a Rucphen, a un centinaio di chilometri da Roermond. Il cognome della famiglia, nei documenti del tempo, è scritto nella maggior parte dei casi «Corbeij», anziché «Corbey», come invece verrà trascritto piú tardi.

Jo all'anagrafe è stato registrato con i nomi di Joseph Gerardus Maria Theresia. È nato a Echt il 7 novembre 1929 ed è cresciuto a Roermond, dove viveva in una casa a schiera su Dokter Leursstraat, una stradina in ciottoli senza uscita. Da un lato si andava verso la città, con le luci dei negozi e l'albergo Kissels, la cui facciata era andata in fiamme qualche anno prima che Jo nascesse. Dall'altro c'era qualche rovo, e piú in là si intravedeva il fiume, la Mosa.

La casa aveva un giardino sul retro. Era lo spazio in cui Jo poteva giocare con la *Tretauto*, la macchinina a pedali che gli aveva costruito il padre. In realtà, la macchinina non era solo per lui, ma anche per Gerrit, il fratello gemello. Come quasi tutti gli altri giochi, che non erano mai solo per Jo o solo per Gerrit, ma per tutti e due.

Nelle foto che ho avuto da Marco, i due fratelli sono sempre ritratti insieme. Nella prima, quella in cui sono piú piccoli, Gerrit è alla guida della macchinina, mentre Jo è in piedi al suo fianco, quasi un passo indietro, come se non se la fosse sentita di sedersi alla guida e recitare anche lui il ruolo da protagonista. Jo nella foto pare disarmato e meno espansivo di Gerrit.

La macchinina aveva la carrozzeria in latta. Chissà se Jo ci tamburellava sopra con le dita per sentire il suono profondo che faceva. Mi piace pensare che quando arrivava il suo turno di guidare, stringesse il volante come fosse la cloche di un aereo. E immaginasse di volare.

Prima di partire per l'Olanda, tra le pochissime fotografie che ho trovato di mio padre bambino, ne ho scoperta una simile. Momia è ritratto in una giornata di sole. Una giornata incantevole. Con i suoi occhialini, è seduto dentro il corpo di una vetturina in latta. Anche lui stringe forte il volante con le mani piccole. Sembra provare l'ebrezza di un volo personalissimo.

A differenza di Momia, Jo aveva avuto la fortuna di conoscere il padre e di vivere insieme a lui i giorni dell'infanzia e dell'adolescenza. Il genitore era un autista della Nadam, l'azienda olandese che allora si occupava dei trasporti pubblici di Roermond. Guidava gli autobus. Era un uomo molto concreto che conosceva gli ingranaggi dei motori. Non a caso, come avrei scoperto in seguito, era stato lui a costruire quella macchinina. Me lo immagino mentre, chinandosi per far finta di aggiustarla e dare una regolata agli ingranaggi, dice: Tutto bene.

Jo e Gerrit avevano senz'altro un legame inspiegabile. Erano nati lo stesso giorno. Alle volte, Jo doveva avere l'impressione di capire esattamente cosa volesse Gerrit, anche senza parlarci. E cosí accadeva a Gerrit. Non avevano quasi mai un malinteso. Nelle foto che ho sono sempre insieme, l'uno rimanda sempre all'altro. Eppure quando si avvicinano, quando si accostano, ognuno restituisce un'immagine leggermente diversa. Sono gemelli, si somigliano, ma tra loro sopravvivono delle piccole differenze. Si nota uno scostamento, anche solo millimetrico, un dettaglio che li distingue. Seppur vicinissimi, seppur legatissimi, ciascuno di loro è unico a suo modo.

La seconda foto, quella in cui i gemelli sono in casa, forse è stata scattata di domenica. Sono affiancati, in una posa che vuol farli sembrare uno il riflesso dell'altro. Ciascuno però, al momento dello scatto, ha scelto un atteggiamento leggermente diverso, che ne rivela la personalità. Jo ha le braccia abbandonate lungo i fianchi e con la mano sinistra tiene l'innario di lato, all'altezza di una coscia. Piega un po' il capo verso Gerrit, quasi a cercare il suo conforto. Il gemello, diversamente da lui, impugna deciso il libretto degli inni religiosi con la mano destra, portandoselo fieramente al petto. Mentre Gerrit è sicuro di sé e ha la testa ben dritta, Jo sembra cercare un riparo nel fratello.

Hanno cinque o sei anni e indossano entrambi lo stesso abito da marinaretto con i pantaloncini corti, come era abitudine per i bambini di quell'età. In compenso hanno una calzamaglia lunga e scura, per tenere al caldo le gambe. L'inverno in cui fu scattata la foto dovette essere senz'altro molto freddo. Ma di certo non cosí freddo come quelli che sarebbero venuti dopo, quando i due bambini avrebbero patito pure la fame.

A Roermond, in Monseigneur Driessenstraat, c'è la chiesa del Sacro Cuore di Gesú. È una chiesa cattolica di rito romano. La sua costruzione, iniziata dopo la Prima guerra mondiale, è terminata quando Jo aveva quattro anni. Non so se lui venisse qui, la domenica, con la sua famiglia. Tra i canti di ringraziamento olandesi compresi negli innari di quel tempo, gli stessi che Jo e Gerrit tengono in mano nella foto, ce n'era uno che si intitolava *Ik ben een kind, nog jong en teer*, Sono un bambino, ancora giovane e tenero. In chiesa, i piú piccoli cantavano le parole di quell'inno con dedizione. Sono un bambino, ancora giovane e tenero. Mi è stata data la vita dal Signore, che ha creato tutto ciò che è vivo e ancora fa muovere e crescere ogni cosa. Il sole, la luna, il cielo ampio, il mare, la terra, gli alberi e i frutti. L'uccello e il pesce. Il Signore ha creato anche il predatore e il bestiame addomesticato. Ma ciò che mi rallegra piú di tutto, diceva quell'inno, è che Dio mi ha dato dei genitori che con diligenza, di giorno e di notte, nella gioia e nel dolore, si danno da fare per le mie necessità. O Signore! Fammi avere pietà, fammi amare teneramente i miei genitori, e io, con una mente rinnovata, potrò servirti come bene supremo.

Jo era ancora giovane e tenero. Però sapeva già, da quell'inno, che nel creato non esistevano solo il cielo spazioso, il mare e la terra. Non c'erano solo i frutti. Non c'erano solo l'uccello e il pesce. Nel creato c'era anche il predatore.

21.

Poco distante dalla casa a due piani su Dokter Leursstraat c'è la Mosa. Ampia e interminabile. In quella direzione, verso ovest, Jo con molta probabilità finiva per volgere lo sguardo. Da quella parte, dove il mondo diventava sconfinato.

Le acque. I giorni d'estate. I tuffi. I giochi con gli amici. A volte, lui e Gerrit andavano a pescare, anche se la madre e il padre non volevano che si avvicinassero troppo al fiume, perché la corrente era pericolosa e soprattutto ingannatrice. Forse chiedevano a Sophia e Petronella, le due sorelle maggiori, di badare ai gemelli. Ma quelle, quando Jo e Gerrit uscivano con la voglia di fare un tuffo o di pescare, non ci pensavano neppure. In fondo erano due ragazzine anche loro.

Una volta, forse per spaventarli, le due sorelle gli raccontarono cosa era successo qualche anno prima a un bambino che aveva rubato l'attrezzatura da pesca al padre ed era fuggito verso il fiume. Le acque, gli avevano detto, lo avevano inghiottito. Era successo davvero. Ma quanto era crudele raccontarlo ai fratelli piú piccoli.

L'età era quella in cui cresce dentro l'irrefrenabile voglia di varcare un confine, quella in cui irrompe il bisogno di scoprire qualcosa che fino ad allora è rimasto celato. Erano i giorni in cui non si resiste alla tentazione di correre un rischio, in cui non si ha paura di gettarsi dall'alto, convinti che tanto ci sarà qualcuno pronto a non lasciarci cadere.

Forse era anche questo spirito avventuroso, questa spinta all'azzardo, che accomunava Jo e Momia. Forse il desiderio di afferrare il frutto piú buono, quello che rimane sul ramo piú in alto, spingeva dentro l'animo di Jo e di Momia per uscire fuori.

22.

Sono ancora impegnato a fare avanti e indietro tra Amsterdam e Roermond, quando Marco mi scrive di nuovo via e-mail. È nel pieno dell'organizzazione di una nuova mostra sul padre e sulla madre Rosellina. Vuole capire se possiamo rinviare di qualche giorno il nostro incontro e mi propone alcune nuove date in cui potrei raggiungerlo a Zurigo. Nella camera dell'albergo, dopo aver risposto al messaggio, mi metto a osservare la mappa della città svizzera per trovare un albergo nelle vicinanze della stazione centrale. Mi accorgo che non molto distante dal centro ferroviario, oltre il Bahnhofbrücke, sull'altra sponda del fiume Limmat, c'è il Parco dell'ospedale universitario di Zurigo, proprio in cima alla collinetta su cui le case e gli edifici si inerpicano sghembi.

È la struttura sanitaria dove mio padre si recò, non ancora quarantenne, per cercare di recuperare in parte la vista. Per una strana coincidenza è lí, a poca distanza dalla casa dove aveva abitato Werner Bischof e dove ora lavora il figlio Marco, che mio padre cercò l'azzardo e provò a raccogliere il frutto piú buono, quello che rimaneva sul ramo piú alto dell'albero.

Forse le battaglie che aveva deciso di intraprendere gli fecero pensare che potesse tentare il salto. Forse furono le parole che riuscí a pronunciare al cospetto degli uomini grigi dello Stato. Forse furono le mani tenute nelle mani di Sandro Pertini. Forse furono le migliori condizioni economiche che sperava di ottenere. Forse proprio l'insieme di tutte queste cose lo indusse a credere che fosse legittimo quel desiderio, che fosse arrivato il momento di salire l'ultimo gradino.

Un giorno lo raggiunse la notizia che c'era la possibilità, grazie ad alcune nuove scoperte relative alla chirurgia oftalmica, di uscire dalla penombra. Che fosse possibile rendere piú chiara e luminosa, piú colorata e viva, la porzione di mondo che fino ad allora intravedeva soltanto. Che infine potesse anche lui mettere a fuoco qualcosa e vedere di nuovo lontano. Verso est o verso ovest. Verso sud o verso nord. La notizia di quelle innovative tecniche chirurgiche fu un seme che, dal sottosuolo, crebbe a una rapidità inattesa. Si fece strada in lui una strana speranza che prolungò i suoi rami verso l'alto.

Nel chiuso delle stanze di casa nostra, mio padre e mia madre, quasi sospinti dal vento di un'aspettativa ambiziosa, parlavano delle prospettive che si aprivano con quell'operazione nelle ore in cui noi figli dormivamo e non potevamo ascoltarli. Discutevano con entusiasmo di tutto ciò che avrebbero potuto fare una volta salito l'ultimo gradino. Solo di rado li attraversavano il timore e la paura. Però, quando capitava, si sforzavano di ignorare quelle preoccupazioni che volevano trattenerli, che volevano impedire l'azzardo. Voltarono cosí le spalle a ogni inquietudine e indecisione, intenzionati a non lasciarsi sfuggire quell'occasione.

Dopo numerose visite, consultazioni e un'interminabile raccolta di informazioni, andarono a Zurigo dove li aspettava uno dei massimi luminari degli interventi agli occhi. Lasciarono me e mia sorella a casa di alcuni parenti. Decisero di affrontare il viaggio da soli. Attraversarono le gallerie lunghissime dei valichi durante le ore notturne. Oltre i vetri dei finestrini videro la realtà, la loro quotidianità, confondersi e sfilare via. A Zurigo li attendeva ciò che avevano osato sperare. Si stringevano forte le mani. Condividevano uno stato di trepidazione per quel desiderio che aveva preso il sopravvento.

Il chirurgo si chiamava Rudolf Witmer. Era il responsabile della clinica oculistica dell'Università di Zurigo, la stessa che si trova ancora sull'altra sponda del fiume, non distante dal centro ferroviario. La lingua tedesca, dopo la fine della guerra, irruppe di nuovo nella vita di mio padre attraverso le insegne, i cartelli e le voci della Svizzera. *Ausgang. Eingang.* Uscita. Entrata. *Hauptbanhof.* Stazione centrale. Mio padre ripeteva le parole in quella lingua distante. Gli piaceva ascoltare il suono che facevano. Aveva poco meno di quarant'anni. Witmer, l'uomo a cui avrebbe affidato la speranza di riacquistare la vista, ne aveva sessanta.

Quando mio padre e mia madre lo incontrarono, Witmer, altero e distaccato, era seduto dietro alla scrivania. Conosceva l'italiano e parlava centellinando le parole. Quella sua riservatezza e distanza apparvero ai miei genitori come il segno di un'ulteriore autorevolezza. Il colloquio era stato preceduto dalla consegna dei referti e delle analisi, da visite con altri specialisti e da verifiche ulteriori sullo stato di salute di mio padre. Nella stanza, a un certo punto, entrò una donna che teneva in mano un vassoio con una teiera e un'unica tazza da tè. Forse era una routine, qualcosa a cui il chirurgo era abituato. Né mio padre né mia madre compresero quel gesto. L'uomo bevve da solo il suo tè. Senza offrire nulla. Passò poi a spiegare come si sarebbe svolta l'operazione. Avrebbe riguardato l'unico occhio le cui funzioni non erano del tutto compromesse. Cornea, iride, pupilla, cristallino, corpo vitreo, retina, macula, uvea e nervo ottico. Alcune componenti di quell'occhio, seppur parzialmente sane, erano rimaste a uno stadio quasi infantile, non si erano sviluppate, come se fossero rimaste al tempo di allora. Avevano subito lo stesso processo che aveva immobilizzato il volto di Jo.

A un certo punto la donna di prima tornò dentro a prendere il vassoio con la teiera e la tazza vuota. Rimasero un po' in silenzio, poi mio padre trovò il coraggio di formulare la domanda che nei giorni precedenti, insieme a mia madre, aveva a lungo messo a punto. Quella domanda, come un ponte levatoio, avrebbe permesso loro di decidere se entrare nel castello che Witmer gli aveva fatto intravedere, o se invece rinunciare all'ultimo minuto. Il luminare, protetto dalla sua scrivania, rispose che non poteva dirlo. Nessuno poteva sapere di quanto sarebbe aumentata la vista. Di certo, promise, non sarebbe diminuita. Quella frase si impresse nella mente di mio padre come un timbro indelebile.

23.

Negli archivi di «Zonneland», un settimanale belga-olandese dell'epoca destinato ai ragazzini, scopro una traccia dell'amore di Jo per le parole, e deduco che lui e Momia, oltre all'affronto subito, hanno condiviso anche la passione per le parole e le storie. Sono sicuro che per entrambi, già a quell'età, i vocaboli fossero fonte di gioco e seduzione. Qualcosa con cui si poteva dire e incantare.

Nel numero di quella rivista pubblicato alla fine di gennaio del 1940, quando Jo aveva poco piú di dieci anni, e Momia non era ancora nato, proprio all'ultima pagina erano riportate le informazioni per partecipare a un concorso rivolto ai giovanissimi lettori. Si trattava di formare delle parole di senso compiuto, nomi di persone, di animali o di cose, a partire da piccoli frammenti composti da tre lettere.

Sulla pagina del giornalino, le parole erano state spezzate in due parti, separate da una linea verticale, e poi rimescolate. Cosí da un lato c'erano le radici delle parole, e dall'altro le desinenze, ma in un ordine tutto scombinato. Il gioco consisteva, partendo da quei frammenti sparsi, nel ricomporre le parole, e per farlo i ragazzini dovevano usare, in aggiunta, per ciascuna combinazione, una lettera del nome dell'allora Regina Guglielmina d'Olanda. Jo smontò e rimise insieme uno dopo l'altro tutti i frammenti. Poi diede alla madre la lettera con le soluzioni e le chiese di spedirla all'indirizzo del giornalino.

Per conoscere il risultato di quella competizione, Jo avrebbe dovuto aspettare i numeri successivi. Per un po', è comprensibile, gli rimase uno strano sapore d'amaro in bocca.

Poi il nome di Jo comparve sul giornalino qualche numero dopo, alla fine di marzo del 1940: era tra i vincitori. Me lo vedo scorrere con il dito la lista dei trenta nomi dei lettori che come lui erano riusciti a trovare la soluzione. Probabilmente sentí una specie di sussulto, a vedere il proprio nome scritto tra quelle pagine. Gerrit fu il primo a saperlo. Poi la mamma e le sorelle. Che gioia dovette provare. Forse Jo riprese piú volte tra le mani la copia di «Zonneland» con i risultati del concorso. E ogni volta che la riapriva, andava con lo sguardo proprio lí, quasi in fondo alla pagina, dove c'erano scritti il suo nome e cognome e la via dove abitava.

Il settimanale conteneva racconti, vignette divertenti, insegnamenti religiosi e piccoli disegni dove erano raffigurati bambini dell'età di Jo. Mancava poco alla Domenica delle Palme, e su quel numero si poteva leggere la storia di Gesú in cammino con gli apostoli verso Gerusalemme. In particolare, era riportata la parte in cui il Dio divenuto uomo disse a due discepoli: «Andate al villaggio di fronte a voi; là troverete un puledro d'asina legato, sul quale nessuno si è mai seduto; slegatelo e portatelo a me!» I discepoli fecero come Gesú aveva detto. Quando tornarono, Gesú si sedette sull'asino e cosí entrò a Gerusalemme.

La gente, vedendo comparire Gesú sull'asino, accorse. Molti si tolsero le vesti e le sistemarono sulla strada in suo onore. Altri lanciarono rami di palma e gli andarono incontro, cantando e applaudendo. Anche i bambini, ornati con i loro rami di palma, cantavano: «Osanna, benedetto chi viene nel nome del Signore, Osanna nell'alto dei cieli!»

Sulle pagine del giornalino si alternavano parole di gioia ad altre che incutevano terrore. Storie felici a storie piene di dolore. Jo conosceva quella parabola. Ai tempi di Gesú, i bambini facevano da apripista all'esultanza delle folle per il messia. Cosí ora, c'era scritto nell'articolo, anche i nostri bambini, la Domenica delle Palme, andranno incontro a Gesú cantando il loro «Osanna!» Anche tu, invitava l'articolo, «sarai con quei bambini! Unitevi anche voi, accorrete ad acclamare Gesú come Re e adoratelo anche quando lo seguirete sulla via cruenta della croce e sul monte del Calvario».

La Domenica delle Palme era alle porte. L'articolo invitava i piccoli lettori a condividere le dolorose sofferenze del Re dell'Amore. E a Jo, come a tutti i bambini che leggevano quella storia, saranno sicuramente rimaste in mente le parole «via cruenta» e «monte del Calvario».

24.

In quei mesi della primavera del 1940, mentre Jo scorreva con le dita sulle pagine del giornalino per ragazzi, Werner Bischof era impegnato come attendente di guardia a Wattwil, ai confini della Svizzera, e si apprestava alla scalata, quasi onirica, che avrebbe intrapreso una notte luminosa di metà agosto. Aveva ventiquattro anni.

Nell'autoritratto scattato proprio in quei mesi nello studio di Zurigo indossa una camicia a righe molto sottili, di un tessuto morbido. Si è rimboccato le maniche. Ha i capelli neri e mossi. Il volto ben rasato. Sul mento, una fossetta da attore, simile a quella di Manlio. Gli occhi profondi e dolci. Con la mano sinistra, alzata davanti a sé, tiene ferma sul cavalletto la Rolleiflex, la macchina fotografica piú in uso a quei tempi. Dietro di lui, in ombra, si vedono i proiettori di luce che usa per i suoi lavori.

La fotografia è stata realizzata indirizzando l'obiettivo verso uno specchio. Werner, in quell'autoritratto, in quel disvelamento di ciò che voleva che gli altri vedessero di sé, appare allo stesso tempo serio e ragazzesco. Nel suo sguardo c'è anche un velo di malinconia. È difficile dire se l'espressione gli sfuggí inconsapevolmente o se invece fu una denudazione intenzionale. Con gli occhi intensi fissa, allo stesso tempo, l'otturatore e l'osservatore. Alla fine, comunque, come capita a ciascuno di noi quando si guarda allo specchio, pare che dica con un pizzico di spaesamento: «Beh, questo sono io».

A maggio di quell'anno, proprio da Wattwil, Bischof aveva scritto ai genitori confessando una grande preoccupazione. Aveva spiegato che non potevano neppure immaginare quanto fosse dura per lui e per i suoi compagni. Non tanto per i turni di guardia, quanto per i timori che anche la Svizzera venisse coinvolta nel conflitto. Dopo qualche mese, ad agosto, si era concesso la sublime scalata, dolcissima e ipnotica. Un'esperienza che lo aveva aiutato molto. Eppure, paradossalmente, piú tornava alla natura, e al respiro puro del mondo, e piú si acuivano la sofferenza e il timore per ciò che stava accadendo negli altri paesi europei e in tutto il mondo.

C'è una foto emblematica che Werner aveva scattato in quel periodo nel suo laboratorio. Aveva sistemato dei soldatini di latta su un ripiano. Qualcuno è a cavallo, altri sono a piedi. Tutti con i fucili a tracolla. Uno di questi soldati in miniatura traina un carro con dentro delle armi. Un amico di Werner lo aveva aiutato a dare alla scena un'atmosfera quasi allarmata accendendo un fiammifero e agitando un foglio di carta macchiato d'olio. Grazie al gioco di luci, i soldatini, invece che nello studio fotografico di Zurigo, sembra che si trovino proprio in un campo di battaglia. Per Werner, forse, quella era l'unica rappresentazione che poteva immaginare allora di ciò che stava accadendo. Molto presto, però, avrebbe visto qualcosa di piú brutale ancora.

25.

Qualche mese dopo la Pasqua, nelle vicinanze di Roermond, nel Limburgo, arrivarono i soldati dell'esercito invasore. A casa di Jo, come in molte abitazioni nelle cittadine olandesi, si faceva ciò che veniva ordinato. Si chiudevano le finestre al tramonto e in casa, al calar del sole, si spegnevano tutte le luci. Da quel momento in poi, ogni cosa per Jo divenne piú buia.

L'oscurità per i piú piccoli è lo spazio del timore e della paura. Nell'oscurità è accovacciata la minaccia, si cela la presenza di qualcosa che spaventa e mina ogni forma di tranquillità. Si nasconde ciò che mette in pericolo lo scorrere normale della vita. Al buio si trova il rovescio del conosciuto e non si intravede neppure il volto della persona che si ama.

Per Momia il buio era la soglia a cui cercava di rimanere vicino, per restare ancora al fianco della sorellina Meri, che vi era precipitata dentro, ma da cui allo stesso tempo sentiva il disperato desiderio di allontanarsi. Per Jo, quell'oscurità imposta divenne il primo passo verso qualcosa che non conosceva e che lo avrebbe portato fin dove tutto sarebbe mutato per sempre.

A un certo punto, a Roermond, anche la casa smise di essere riparo e conforto. Proprio quella casa, che per Jo era stata sempre il luogo della tranquillità e del ristoro, con il giardino dove giocava, la stanza dove dormiva con Gerrit, le scale che insieme al gemello salivano e scendevano rincorrendosi, smise di essere il rifugio e la tana. A un certo punto, non fu piú il confine invalicabile, lo spazio in cui ciascuno era al sicuro con la propria famiglia.

Un giorno la mamma Josephina disse che la porta andava lasciata aperta. Anche quello era un ordine impartito dai tedeschi a tutta la comunità di Roermond. I soldati volevano la libertà di entrare a qualsiasi ora e fare ciò che desideravano. Era meglio rispettare gli ordini senza discutere, pure se intollerabili. Era meglio, per ora, non correre rischi.

I soldati tedeschi avevano occupato Roermond già da mesi e mesi, quando un giorno, nella sua stradina, in Dokter Leursstraat, un bambino fu portato via. Abitava al numero 8. Jo, con la famiglia, viveva qualche numero piú avanti, al 12. Era aprile. Era il 1943. Lui e quel bambino avevano giocato insieme. Jo aveva appena compiuto tredici anni. Rolf, il ragazzino che avevano portato via, ne aveva solo un paio in meno.

Lo trascinarono via insieme al padre Leo. Jo non sapeva neppure perché. Era una famiglia di ebrei, dicevano. Vicino alla piazza del Mercato, qualche giorno prima, Jo aveva visto un cartello. C'era scritto che, proprio durante i giorni in cui i contadini andavano a vendere i prodotti dell'orto, gli ebrei non potevano entrare in piazza. Jo lo aveva letto, ma non aveva capito bene cosa volesse dire.

Quando lo portarono via, la madre di Rolf non era in casa. Era in ospedale a partorire il bimbo che le stava crescendo dentro. Dicevano che si era salvata solo per quello. Per far nascere la nuova vita. Altrimenti, molto probabilmente, insieme a Rolf e al padre Leo avrebbero preso anche lei.

Il bimbo purtroppo non sopravvisse a lungo. Morí qualche giorno dopo il parto. La madre di Rolf non tornò piú nella casa in Dokter Leursstraat.

Jo non ebbe piú notizie di Rolf. Non seppe dove lo portarono e neppure se il padre e il figlio furono separati e fatti salire su treni diversi verso destinazioni diverse. O se tutti e due finirono sullo stesso vagone e consegnati alla stessa sorte. Jo non ebbe il coraggio di chiedere se prima o poi avrebbero portato via anche lui.

Jo vedeva i soldati tedeschi entrare e uscire dalle abitazioni. A dicembre quelli passavano uscio per uscio. Controllavano che la porta di ogni casa rimanesse aperta. Arrivavano con il rumore dei loro scarponi pesanti anche nelle stradine piú strette e laterali. Sembra che una donna non volle rispettare l'ordine. Non volle farlo neppure dopo che le puntarono contro le armi. I soldati, in risposta a quel gesto di insubordinazione, gettarono dentro casa una bomba a mano. La donna morí cosí. Solo per quello. Per non aver voluto aprire una porta.

Qualcuno per salvarsi cominciò a scavare dei rifugi nelle cantine. Aprivano buchi non troppo grandi nelle mura. Quei varchi erano cosí piccoli che ci passava a malapena un bambino. Altri presero a scavare tunnel per unire i vari rifugi, cosí da muoversi da un lato all'altro delle strade senza uscire allo scoperto e finire sotto i colpi dei bombardamenti.

Per strada i soldati fermavano e controllavano chiunque. Bloccavano anche le donne. Solo i bambini non venivano perquisiti. Per questo motivo, qualche volta, capitava che gli adulti chiedessero ai piú piccoli di portare un foglietto con scritto qualcosa di cui ignoravano il significato.

Ora a Roermond sfilavano i carri armati. Erano stati istituiti numerosi posti di blocco. Poco fuori dal centro, sembrava che ci fossero solo trincee scavate dai soldati. Nessun ragazzino, neppure quando riusciva a sfuggire allo sguardo attento dei genitori, andava piú fino alle sponde della Mosa per fare il bagno o pescare. Eppure, la vitalità, che non riuscivano a frenare, li portava lo stesso a cercare il brivido dell'avventura. I bambini erano fatti cosí. Erano impauriti e attratti da ciò che accadeva. Qualche ragazzino andò a giocare a nascondino anche in quella terra smossa tra le trincee.

Per divertimento, quando stavano in strada, senza rendersene conto, i ragazzini tenevano in testa degli scolapasta come fossero elmi. Anche se forse nessuno di loro aveva letto la Batracomiomachia, ciascuno di loro sembrava ricomporre, per gioco, tra quelle strade, le schiere dei Topi e delle Rane che si erano battuti nell'arena immaginaria e inoffensiva descritta piú di duemila anni prima. Forse pensavano di avere anche loro dei gusci di noce sopra il capo e che qualche divinità avrebbe inviato dei granchi giganti per porre fine alla guerra. Credevano anche loro che quella battaglia sarebbe terminata presto. Immaginavano che tutto si sarebbe concluso prima che il giorno terminasse.

Ma non fu cosí. Il conflitto durò a lungo e al posto della pace arrivò l'inverno piú freddo. I tedeschi cacciarono gli abitanti di Roermond dalle proprie case. Jo, insieme alla famiglia, fu costretto a trasferirsi in un'altra abitazione in Zwartbroekstraat, una strada piú trafficata a qualche centinaio di metri di distanza dalla vecchia dimora. La nuova casa era al numero civico 30. Era molto piú piccola di quella in cui avevano vissuto tutta la vita. Forse la piú angusta di tutta la strada. Non c'era neppure il cortile dove giocare con la *Tretauto*.

Un sabato di novembre, poco dopo il compleanno suo e di Gerrit, quando il ponte sul fiume era già stato fatto saltare, al mattino cominciarono a suonare le sirene. Corsero tutti alle cantine. Anche là sotto si sentivano dei boati fortissimi. Le persone sputavano sui fazzoletti e se li portavano al naso e alla bocca. Era l'unico modo per non respirare la polvere. Quando uscirono dai rifugi, ai bordi dei marciapiedi c'erano accumulate altre macerie. Quasi tutte le finestre erano andate in frantumi. Per strada si vedevano solo morti e feriti. Le case sembravano collassate su sé stesse. Precipitate in mille pezzi. Venne colpita pure la casa su Dokter Leursstraat. Per fortuna Jo e la sua famiglia erano appena andati via.

Cominciò allora la ritirata degli invasori. La guerra e i colpi, però, gli attacchi e la paura, non diminuirono. Rabbia e disperazione crescevano. Come il sangue e la polvere. Nelle strade della città si muovevano ormai quasi solo carri armati. Alcuni di essi, per non essere intercettati dall'alto, erano stati ricoperti con rami d'albero.

Fu a quel punto che i militari tedeschi, dopo le case, si impossessarono anche delle vetture. Perquisirono e svuotarono i garage. Per la loro fuga disperata, ricorrevano a ogni mezzo di trasporto. Di notte, mentre provavano a prendere sonno, Jo e i suoi fratelli e sorelle sentivano passare le automobili, i camion e anche le ambulanze rubate alla Croce Rossa. Nel frattempo, nonostante tutto, erano nati altri fratellini e sorelline. In casa adesso erano in dieci. Jo ricordava la fame e la strana eccitazione.

Roermond venne evacuata. I tedeschi piazzarono esplosivi di piccole dimensioni nelle case e bombe antiuomo in ogni angolo della città. Fecero tutto con meticolosa precisione. Non tralasciarono nulla. Da ultimo, non dimenticarono di far esplodere anche la torre della cattedrale di San Cristoforo, che svettava sui tetti della cittadina da piú di quattrocento anni. Dal cielo continuavano a cadere grappoli di bombe.

Gli alleati avevano bombardato il ponte sul fiume. Per passare dall'altro lato, i soldati tedeschi furono costretti a salire su canotti e altri natanti improvvisati. La gran parte di loro era già fuggita nottetempo con le macchine. Qualcuno scappò attraverso i campi dopo essersi tolto la divisa. La guerra, si diceva, stava per finire.

26.

Ai primi di marzo 1945 i tedeschi erano già tutti fuggiti. La gente del posto, lentamente, con le biciclette, con i sacchi sulle spalle, con gli zaini, cominciò a rientrare a Roermond. Mentre sciamavano in silenzio in quei giorni freddi e umidi, con il cielo basso, le persone avevano le sembianze di fantasmi. Di chi torna dall'oltretomba a visitare il luogo dove ha sempre vissuto. Ciascuno di loro si mise a cercare, silenziosamente, senza quasi parlare, la strada che portava a casa.

C'erano cumuli di macerie ovunque. Gran parte delle abitazioni, delle fabbriche e degli edifici pubblici era stata distrutta. Ogni cosa era irriconoscibile. Quei fantasmi vagavano a lungo prima di rintracciare la strada di casa. Prima di fare i conti con ciò che era rimasto.

Jo e i suoi familiari erano tra quei fantasmi. La madre Josephina e il padre Emanuel. Gerrit. I fratellini e le sorelline piú piccole. Di certo dovevano provare il sollievo di chi comunque è sopravvissuto. Trascorsero qualche giorno e qualche notte increduli che i tedeschi non ci fossero piú. Che il paese fosse di nuovo libero. Senza sapere ancora chi fossero davvero gli inglesi e gli americani, ignorando chi fossero davvero i liberatori.

Un mattina Jo era nella piazza a pochi metri da casa a giocare con gli amici e con Gerrit. Le macerie erano il segno tangibile della distruzione, ma si offrivano anche come uno spazio che attraeva, un territorio sconosciuto dove i ragazzini potevano compiere le loro spericolate avventure. Era difficile resistere, a quell'età, alla tentazione di infilarcisi dentro, camminarci sopra e frugare. Era difficile trattenere l'impulso che spingeva a vedere cosa fosse rimasto sotto le macerie. A curiosare tra i resti delle case di chi era stato piú sfortunato.

Jo voleva andare. Gerrit, invece, esitava. Crescendo, si erano quasi invertiti i ruoli. Chi da piccolo era stato piú coraggioso, ora era piú attento e misurato. E chi prima era stato piú timoroso, adesso era piú spericolato.

Jo insisteva. Voleva tentare quel gioco avventuroso e innocente. Gerrit, dal canto suo, si ostinava a non farsi convincere e rimaneva al di qua del terriccio, cercando di convincere il gemello a cambiare idea. Si parlarono ancora un po'. Poi le cose avvennero rapidamente. Jo, invece di ascoltare Gerrit, fece un piccolo salto e si spinse oltre. Fece ancora uno o due passi. Poi un altro ancora. Infine aprí una porta. Fu allora che ci fu l'esplosione. Dovette sentire il volto in fiamme.

Jo venne colpito da un esplosivo a forma di matita. Un piccolo ordigno identico a qualcosa di innocuo, che di solito viene usato per scrivere e disegnare una vignetta, tracciare le lettere che compongono una parola, tirare una linea da un punto all'altro. Quelle mini-bombe apparentemente inoffensive erano state piazzate in ogni casa. Infilate nei punti piú infingardi, dove prima o poi sarebbe passato un bambino o una donna. Erano state sistemate negli stipiti delle porte, negli antri delle caldaie, all'interno degli armadi, dentro le scatole del cucito e nelle ceste in cui le donne tenevano le matasse da usare per cucire un maglione che tenesse caldo nei giorni piú freddi dell'inverno.

Jo fu gravemente ferito a un braccio e al volto. Un soldato afroamericano lo portò in ospedale. Era la prima volta che Sophia, la sorella, vedeva un nero.

Erano finiti i giorni dei giochi e delle corse. Dopo l'esplosione improvvisa, dopo l'urto e il fragore, venne il silenzio. Tra loro, tra Jo e Gerrit, tra i due gemelli, non ci furono piú gli stessi gesti. Quando furono di nuovo vicini, dopo tutto ciò che era accaduto, dopo il passo compiuto dall'uno mentre l'altro si ritraeva, in quei giorni successivi all'esplosione, nessuno dei due riuscí a trovare le parole.

Ci vollero alcuni mesi per superare ciò che era accaduto. Ma per Jo, anche quelle settimane, quei giorni, non furono sufficienti. Ci volle un occhio di vetro per simulare la presenza di quello che aveva perso. Il viso rimase lacerato da un numero infinito di schegge che al momento della deflagrazione gli schizzarono addosso. Alcune erano penetrate fin dentro la testa. Rimasero conficcate lí, nei recessi piú nascosti del cervello, nell'organo che ci fa ragionare ed emozionare, perché nessuno seppe o volle prendersi la responsabilità di rimuoverle.

Jo e Gerrit, a partire dal giorno dell'esplosione, non furono piú gemelli. Il volto di Jo divenne un marchio indelebile che lo allontanò, di piú che da ogni altra persona, proprio dal fratello. Da allora, nessuno osò piú chiedere a Jo di mettersi in posa vicino a Gerrit per una foto.

27.

Il 22 luglio 1945 Momia andò al mare con lo zio e la sorella, a cavallo di una bicicletta, alla spiaggia di Capo Portiere, dove un camion cominciò a fare manovra per immettersi sulla strada proprio mentre Meri dava al fratello il fiore bianco di oleandro. Poco dopo, a settembre, Werner prese anche lui la bici, non per andare al mare, ma per valicare il confine tra Svizzera, Austria e Germania. Per capire cosa fosse accaduto.

A ottobre ci fu l'incidente che stroncò la vita alla madre di Jo. Era il primo autunno di pace. Doveva essere il 21 ottobre. Un camion l'aveva investita. La dinamica dell'incidente non era certa. Jo non conobbe mai i dettagli di ciò che avvenne. Alla guida del mezzo c'era un soldato britannico. Un liberatore. Completamente ubriaco. Josephina aveva quarantasei anni. Era in bicicletta a Melick, un villaggio poco distante da Roermond. Il ricovero al policlinico Laurentius non serví a niente. Gerrit rimase con lei tutto il tempo. Fino al momento in cui la madre lasciò la presa della sua mano.

Il padre Emil in quei giorni perse il lavoro. Comprò lo stesso, nonostante l'estrema difficoltà e il lutto profondo, uno spazio sul giornale per annunciare la notizia. Qualche giorno dopo, mercoledí 24 ottobre, alle 9 del mattino, ci fu la funzione solenne.

Al funerale, tra i parenti ci fu un confabulare addolorato e concitato. Alla fine Jo e Gerrit, e tutti gli altri fratelli e sorelle, furono divisi tra gli zii e le zie. A qualcuno andò meglio, a qualcun altro invece andò peggio, perché tra quei familiari c'era chi era piú ricco e chi aveva a malapena qualche fiorino, con in casa molte bocche da sfamare.

28.

Le biglie che prima erano state vicine, una volta che ne fu colpita una, in seguito all'interminabile sequenza di carambole, cominciarono ad allontanarsi rapidamente, e irrimediabilmente, l'una dall'altra.

Il susseguirsi delle collisioni fu inarrestabile. Al primo colpo seguí un numero imprevedibile di altri colpi successivi. La forza centrifuga le spinse ancora piú lontano.

Jo e Gerrit, i due gemelli, dal giorno della loro separazione, non si incontrarono piú. La stessa sorte toccò agli altri fratelli e alle altre sorelle.

29.

Verso la fine di novembre di quel primo autunno di pace, Jo entrò all'ufficio postale di Roermond per svolgere alcune commissioni. Mentre era in coda, un giovane uomo che doveva spedire delle lettere si mise a parlare con lui. Gli chiese come stava. Voleva sapere cosa gli fosse successo. Se fosse stata la guerra. Jo allora gli disse del ritorno a Roermond dopo la neve, dell'inverno cosí freddo. Gli disse della porta che gli era esplosa davanti. Gli raccontò poi di sua madre. Del camion che le era andato addosso.

Anche se riuscirono a scambiare solo qualche parola, il fotografo fece in tempo a dirgli che lui, quando era piú giovane, quando aveva la sua età, voleva diventare un pittore, e il ragazzino gli confessò che amava giocare con le parole. Rimasero pochi minuti insieme. Poi l'uomo, dopo avergli mostrato alcuni schizzi che aveva fatto sul quaderno, compí un gesto d'affetto e gli regalò una barretta dolce confezionata.

Passarono alcuni giorni. L'uomo che gli aveva regalato l'Ovomaltina all'ufficio postale tornò di nuovo a Roermond. Era mattina e faceva freddo. La temperatura era scesa di oltre dieci gradi sotto lo zero. Si presentò a casa insieme a un altro signore. Li aveva accompagnati suo padre. Aveva portato con sé latte caldo e panini. Quando glieli diede si sentí un profumo molto buono. Jo ne mangiò uno. Gli altri se li mise in tasca.

Uscirono all'aperto. Werner gli chiese se avesse voglia di avvicinarsi a un muro, all'angolo della strada. Solo per poco, disse. Non durerà tanto tempo. Jo fu felice di farlo. Se ne rimase fermo cosí, per qualche istante, mentre l'altro sistemava, sopra un cavalletto, un tipo di macchina fotografica che lui non aveva mai visto. Clic. Fu allora che Werner gli scattò la foto. Poi gliene fece un'altra nella stessa posizione, ma con un'altra macchina. Fu allora che immortalò il suo volto e il suo sguardo ferito.

30.

Jo è ancora lí a fissarmi con un occhio piú piccolo dell'altro. Quello artificiale con le palpebre aperte e quello piú piccolo quasi socchiuso. Il destro è l'occhio perso. Il sinistro, il piú minuto, quasi ricondotto a una stretta fessura, è quello da cui riusciva ancora a intravedere la luce del mondo.

La sua richiesta di aiuto, per qualche sortilegio, appare ancora urgente. Anche a distanza di tutti gli anni trascorsi. Il suo bisogno disperato di uscire dall'ombra ha qualcosa di universale che travalica il tempo passato.

Momia e Jo hanno entrambi cercato di recuperare la vista. Entrambi hanno alimentato la voglia disperata di riacquistare appieno il senso che piú di ogni altro ci avvicina e ci dischiude al mondo.

Entrambi sono stati costretti a misurarsi con le cicatrici e con l'umiliazione. Entrambi hanno provato il desiderio irrefrenabile di tornare a vedere.

31.

Poco prima che cominciasse l'operazione, mia madre, dopo averlo accompagnato lungo il corridoio verso la sala operatoria, salí sul terrazzo dell'ospedale di Zurigo. Preferí non prendere l'ascensore e salire le scale, un gradino dopo l'altro, un piano dopo l'altro. Quando arrivò all'aria aperta, mentre il vento le sferzava il volto, sfilò una sigaretta dal pacchetto che le aveva lasciato mio padre. Dopo averla accesa con difficoltà, si mise a fumare. Non lo aveva mai fatto prima.

Le ore trascorrevano in maniera insolita. Rimase sul terrazzo tutto il tempo che fu necessario al chirurgo per portare a termine l'intervento. Sussurrò una piccola preghiera. Tra sé e sé, quasi vergognandosi. Non entrava in una chiesa da quando era bambina e da allora aveva interrotto ogni relazione con ciò che le risultava incomprensibile.

Ripensò a tutta la vita trascorsa fino ad allora. Alle prime volte che mise piede nella casa dove era cresciuto mio padre da ragazzo. Lei che viveva nel quartiere di Monte Mario non andava fino allo Statuario perché conosceva mio padre, almeno non all'inizio. Un cugino chitarrista le aveva chiesto di passare a trovare, se poteva, una brava pianista conosciuta d'estate a Scanno, un paese abruzzese con un bel lago vicino. Le aveva detto che la ragazza era non vedente.

Una volta alla settimana, mia madre, per dar seguito a quella richiesta d'aiuto che le aveva lanciato il cugino, e anche per una sua curiosità, per la voglia di conoscere persone nuove, prendeva il tram numero 8 dalla stazione Termini fino allo Statuario. Ascoltava suonare la ragazza di nome Meri e rimaneva affascinata dalle sequenze di note che uscivano dal pianoforte. Poi parlavano un po' e capitava anche, di tanto in tanto, che cantassero insieme. Giorno dopo giorno tessevano il filo di un'amicizia esile e curiosa. Qualche volta, il fratello della giovane pianista attraversava il piccolo salone. Momia sembrava burbero, indossava sempre una camicia bianca e portava gli occhiali con delle lenti spesse. Quando passava, non salutava neppure. Né lei, né sua sorella.

Ogni volta che mia madre entrava in quella casa, le sembrava di accedere a un mondo particolare, di guardare l'universo dietro una specie di vetro smerigliato. Il pianoforte. Il suono. Il canto. Le voci. Le espressioni cosí particolari dei volti. Dopo i primi incontri, alla sera, poco prima del tramonto, la giovane pianista e il fratello silenzioso uscivano di casa con lei e la accompagnavano alla fermata del tram.

Passarono le settimane e i mesi e gli incontri si susseguirono. Mia madre non ebbe mai modo di capire fino in fondo cosa provassero i due ragazzi. Dopo averli salutati, si accomodava sul sedile del tram e, girandosi un'ultima volta, dal finestrino li vedeva tornare indietro insieme.

Quando era con loro, aveva sempre paura di toccarli, di sfiorarli, di dire qualcosa che poteva offenderli. In loro compagnia sentiva uno strano imbarazzo e non sapeva neppure perché. Ma cercava di superare quelle difficoltà, quelle ritrosie di cui non conosceva l'origine e si avvicinava ai due giovani come se potessero dischiudere alla sua percezione qualcosa di straordinario. Aveva la sensazione, avvicinandosi a loro, di sfiorare qualcosa di delicato e fragile. Qualcosa che altrimenti sarebbe stato inavvicinabile.

Con la sigaretta tra le labbra, sotto le sferzate del vento, mia madre si ricordò di un pomeriggio in particolare. Per qualche ragione, nel salutare il fratello della pianista, gli diede un bacino sulla guancia. Dovette essere quello l'innesco. Forse fu il profumo a fare effetto su di lui, oppure il tessuto dell'abito leggero che lei si era cucita da sola.

Sulla terrazza dell'ospedale, a Zurigo, ricordò le prime volte in cui mio padre la raggiungeva alla fermata della stazione Termini salendo da solo sul tram. Neppure lei sapeva, allora, quanto lui ci vedesse o meno. Quanto si orientasse nello spazio caotico della città. Quella baldanza, unita a un modo di parlare delicato e profondo, le aveva lasciato intravedere qualcosa.

Dopo l'operazione trascorsero alcuni giorni. Mio padre, con gli occhi ancora coperti dalle bende, metteva delle briciole di pane sul davanzale della finestra per attirare gli uccellini. Voleva sentirne, da dietro quella coltre bianca, il cinguettio vitale. Finché un'infermiera gli fece capire che non poteva piú farlo. Non era igienico. Mio padre smise a malincuore di spezzettare le molliche di pane.

Trascorso il lasso di tempo previsto dal chirurgo Rudolf Witmer, gli vennero tolte le bende. Salirono allora tutti e due sul terrazzo dell'ospedale. Dall'alto, guardarono insieme verso il fiume, le case, le torri delle chiese, il profilo disteso della città. Si sporsero dalla balaustra per guardare in basso. Verso i ponti che collegavano le due sponde del Limmat.

Mio padre, per la prima volta dal pomeriggio del 22 luglio del 1945, riuscí a distinguere chiaramente le forme delle macchine. Per la prima volta, dopo quasi trentacinque anni di penombra, ritrovò la gioia dei colori.

32.

Tornato a Roma, mio padre mi guardò negli occhi per la prima volta. Non gli chiesi nulla. O almeno è quello che ricordo. Molto probabilmente ero cosí piccolo che non ebbi l'ardire di domandare alcunché, come stava, cosa provasse. Un bambino, allora, non era legittimato a parlare di sentimenti con un genitore. All'epoca i piú piccoli, almeno nella mia famiglia, seppur accuditi affettuosamente, dovevano rimanere in disparte.

Non ebbi l'ardire neppure di guardarlo, anche allora che a guardarmi, per la prima volta, era lui. Seppure lo facesse da dietro un paio di occhiali con le lenti scure. Ciò che stava accadendo era un mistero, un sortilegio.

Di ritorno da quel viaggio, mi portarono in regalo una macchinina azzurra che potevo stringere nel palmo di una mano. Quella vetturina era dotata di un meccanismo miracoloso, visto che le permetteva di sfrecciare da sola sul pavimento. Bastava farla procedere un poco all'indietro, per darle la carica, e poi lasciarla andare. La Svizzera, anche per quella macchinina portentosa, mi sembrava dislocata in un punto molto lontano, piú distante ancora di quanto fosse la luna.

Quei primi giorni furono un filo teso nell'aria su cui camminammo silenziosamente.

Ancora oggi, non so cosa abbia provato dentro di sé mio padre quando a Zurigo, per la prima volta, vide il volto di sua moglie e scorse le sue labbra rosse. Non so cosa si dissero, quando si ritrovarono di fronte. Che sorriso si scambiarono, se ci fu un pianto liberatorio, o invece solo un abbraccio ammutolito e senza fine. Non so in che modo si accarezzarono il viso e i capelli. Cosa provarono quando, per la prima volta, si cercarono con lo sguardo, quando si ritrovarono in un luogo chiuso con altre persone.

Mi interrogo ancora adesso su cosa abbia provato mio padre quando, per la prima volta, trovò il coraggio di cercarsi in uno specchio. Lui che, fin da bambino, aveva perso la confidenza con la propria immagine. Mi chiedo ancora cosa provò quando infine, dopo essere rimasto cosí a lungo nella penombra, vide il riflesso di sé. Mi chiedo se riuscí a dire: «Beh, questo sono io».

33.

Il disvelamento, per qualche ragione, durò pochissimo. Quello che venne subito dopo ebbe una successione molto rapida. Prima ci fu la crescita della pressione intraoculare. Poi l'insorgenza di un glaucoma. Seguí la somministrazione di dolorosi congelamenti. Il campo visivo si restrinse sempre di piú.

Le ombre si sovrapposero alle luci e ai colori. Venne il buio come non lo aveva mai visto prima. A lungo mio padre si sarebbe ricordato delle parole che Rudolf Witmer aveva pronunciato quel pomeriggio, quando bevendo il tè gli aveva promesso che certamente la vista, la minuscola soglia di luce che intravedeva, non sarebbe diminuita.

Il buio fu la cella in cui venne rinchiuso. La percezione fu quella del soffocamento. Le notti, illuminate dall'incomprensibile chiarore della cecità, divennero insonni.

34.

Su un vecchio numero del quotidiano locale del Limburgo, il «Maas-en Roerbode», trovo l'ultima traccia di Jo. Sono pochissime righe. Un dettaglio infinitesimo che però segna il momento della cesura, del passaggio, da una fase della sua vita a un'altra, di cui con precisione non ho ancora compreso la natura. In quella copia di settantacinque anni fa trovo una piccola rubrica con l'elenco delle persone che si apprestavano a lasciare Roermond o lo avevano appena fatto, per andare in altri comuni dell'Olanda. Erano riportati anche i nomi di chi emigrava all'estero, in altre nazioni o in altri continenti.

Il nome di Jo appare sul giornale del 9 ottobre del 1948, quasi tre anni dopo la scomparsa della madre Josephina. Lo intercetto nella seconda pagina, dove c'è la rubrica intitolata *Wie Roermond verlieten en er kwamen*, piú o meno «Chi ha lasciato Roermond per andare altrove».

Tra coloro che si erano spostati nei giorni compresi tra il 25 settembre e il 5 ottobre compariva anche Jo, piú precisamente Joseph Gerardus Maria Theresia. A detta dell'articolo, proprio quella settimana si era trasferito in un piccolo villaggio di nome Grubbenvorst, a circa quaranta chilometri dalla cittadina dove aveva sempre vissuto. Ne deduco che mentre gli altri fratelli e le altre sorelle furono sparpagliati tra i parenti, Jo fosse rimasto con il padre almeno per i due o tre anni successivi alla morte della madre, probabilmente per le conseguenze della mina che lo avevano reso piú bisognoso di supporto. Allora, quando si trasferí in quel paesino, aveva poco piú di diciannove anni.

Sul quotidiano di quel giorno e dei giorni successivi non ci sono altri indizi sulla traiettoria di Jo. Tanto meno sul suo stato di salute, sulle speranze e sulle aspettative che riponeva in quel cambio di residenza. Non trovo nulla che spieghi quel trasferimento nel piccolo centro poco distante da Roermond. Forse era alla ricerca di un lavoro. Probabilmente in qualche fattoria. Oppure inseguiva il volto di una ragazza bellissima. Forse lasciò la casa paterna perché sognava per sé un futuro felice.

Per alcuni giorni continuo a cercare in diversi archivi. Non mi do per vinto. Chiedo e domando. Ma non trovo piú nulla. Continuo a battere le strade che possono portarmi a Jo. Per ascoltare dalla sua voce la propria versione di quell'incontro, ormai lontano, avvenuto con Werner Bischof. Per sentire il resoconto di ciò che è stato costretto a vivere negli anni che sono venuti poi. Per ascoltare da lui il segreto che non ha avuto la forza di raccontare.

Continuo a cercarlo perché vorrei raccontare, proprio a lui, piú che a ogni altra persona, quanto il suo volto infantile, ferito e segnato, mi abbia aiutato a riavvicinarmi a mio padre. E a capire davvero le conseguenze di una guerra.

Ho seguito i pochissimi indizi che inconsapevolmente Jo ha lasciato dietro di sé. Raccogliendoli a uno a uno ho avuto la sensazione di terminare un capitolo decisivo della storia che ha preso inizio il giorno in cui l'ho visto per la prima volta su un catalogo fotografico e mi è sembrato cosí simile a mio padre. Sul suo volto, Momia mi è apparso come non l'avevo mai visto prima.

Ho continuato a mettere insieme parziali ritrovamenti, brandelli dell'infanzia cosí fragile ed esposta di Jo. Cosí viva e sventurata. In alcuni momenti della ricerca mi è sembrato di vederlo chiaramente: le strade in cui aveva vissuto, i giorni in cui si infilava nei rifugi. I giochi con Gerrit. L'incidente. Il funerale della madre. La diaspora dei fratelli e delle sorelle. Quella dolorosa separazione dal gemello.

Poi, subito dopo aver letto la notizia del suo trasferimento a Grubbenvorst, la sua figura è diventata evanescente. Proprio quando Jo mi era sembrato sul punto di svelarsi, piú adulto e piú forte, quasi indipendente e libero, lontano dalla casa del padre dove era cresciuto e dove aveva dovuto affrontare le esperienze piú dolorose, è invece scivolato nell'inconoscibile. Costretto a rimanere adolescente, bambino ferito.

Proprio quando ho creduto di vederlo finalmente crescere e maturare, Jo è scomparso lasciando dietro di sé solo poche righe su un giornale. È sparito filandosela via a Grubbenvorst. Quando stavo per stringergli la mano, lui l'ha ritirata, diventando una presenza impalpabile e fragilissima. Quasi un fantasma.

Ancora una volta, Jo ha finito per somigliare a mio padre, ma in un modo diverso, piú dolente e misterioso. Ancora una volta, si è mostrato simile a lui che non riesco piú ad afferrare, che si svela solo per qualche istante nel ricordo, nelle parole pronunciate che riemergono improvvise, nei gesti, nelle espressioni cosí uniche e personali, in cui quasi mi sorride, e poi scompare di nuovo. Somiglia a mio padre che si inabissa in una dimensione a cui non riesco ad accedere. Si allontana e precipita senza che io sia in grado di trattenerlo. Anche solo per un istante ancora.

35.

Quando torno a Roma, tra le piccole carte che ho conservato e dimenticato nel mio portafoglio ritrovo per caso un biglietto da visita. C'è scritto Avv. Domenico Pace, Giudice di Pace. I[a] sezione via Teulada, 40. C'è anche il numero di telefono. Mi turba rivedere la sequenza di cifre che mi è stata a lungo familiare, e che all'improvviso ho dimenticato. Ho la sensazione che se facessi quel numero, dall'altra parte ci sarebbe qualcuno ancora pronto a rispondere. Sono io che, negli ultimi mesi, ho smesso colpevolmente di telefonare.

Rigiro il cartoncino tra le dita. Il biglietto da visita è bianco crema, dello stesso colore dei fiori delle magnolie in giardino, con le lettere e i numeri stampati in un colore argenteo-azzurrino. Passo lentamente le dita sopra il nome e cognome, e mi accorgo che sono in leggerissimo rilievo. Quel biglietto da visita, antica consuetudine ormai perduta, mi ricorda che dopo l'operazione a Zurigo, mio padre, dopo il buio, dopo la luce incomprensibile della cecità, in qualche modo, si era perso. Si perse piú a lungo ancora di quanto non gli avvenne di perdersi quando aveva cinque anni. Lasciò l'Associazione italiana Ciechi di Guerra, portò avanti la professione da avvocato solo saltuariamente, preferendo nascondersi dietro un impiego da centralinista in un grande ufficio non lontano da casa. Di notte non riusciva quasi piú a dormire. Mi diceva che quando gli altri dormivano, all'improvviso, piú acutamente di quanto gli accadesse di giorno, la cecità si trasformava in una stretta prigione. In quelle notti gli sembrava di impazzire.

Eppure, dopo quindici dolorosi anni trascorsi nella completa cecità, si ritrovò. Riuscí a ritrovarsi, con un'energia impensabile.

A cinquantacinque anni, per provare a fuggire da quella gabbia, presentò domanda per diventare giudice di pace, figura di giudice onorario istituita proprio in quegli anni, una carica a cui potevano concorrere giudici in pensione e avvocati. In un primo momento, ancora sprofondato in uno stagno di disincanto e delusione, non era pienamente convinto di voler affrontare quella nuova sfida. Poi invece mutò completamente approccio, anche grazie all'insistenza di mia madre che fremeva dal desiderio di restituirlo alla vita attiva.

La sua domanda di candidatura all'inizio fu respinta dal Tribunale di Roma. La mancanza del requisito della vista – affermava il collegio giudicante – non lo rendeva abile a ricoprire quella carica. Ovviamente non era vero. Si trattava semplicemente di un atto discriminatorio. Bastò un ricorso per ottenere ciò che gli spettava. Furono forse i suoi anni piú belli.

Ricordo il modo tutto suo con cui si confrontava con gli avvocati. Gli aneddoti e le storie che condivideva. Il fastidio che provava per gli avvocati smaliziati, annoiati e distratti che non prestavano attenzione a chi gli stava intorno. L'affetto che nutriva invece per i piú giovani, per i meno avvezzi, per chi arrivava in aula senza ancora aver visto tutto.

Si occupava di cose da niente che eppure lo entusiasmavano. Ispezioni ipotecarie o ritiri di patenti. Piccole questioni da dirimere dentro alle quali trovava sempre un dettaglio, una minuzia, che svelava l'umanità di una delle due parti, e che lo incuriosiva. Scriveva le sentenze a casa. Ricordo le prime che dovette firmare. La tensione che lo prendeva. Gli incartamenti che si faceva leggere e rileggere dalla persona che lo assisteva in quelle attività. Il timore. Ricordo la sua gioia, infantile e pura, quando in un testo giuridico fu citata, per l'originalità, una sua sentenza. Ricordo quanto ci tenesse a scrivere la firma da solo, con la penna. Con la mano destra teneva stretta la stilografica e con due dita della sinistra si faceva guidare sul foglio. Con un ampio giro tracciava la D maiuscola del nome e poi proseguiva chiudendo con un doppio segno, come fosse Zorro.

Ricordo il rito, rivelatore secondo me di una sua persistente purezza bambinesca, che compiva ogni volta che portava a termine una sentenza. Una volta lo condivise con me, quando aveva già depositato la sentenza in tribunale. Aveva sistemato sul pavimento del suo studio tutto il materiale cartaceo, quindi aveva preso a camminarci sopra scalzo, avanti e indietro. Dopo quel cerimoniale scaramantico fece riordinare e classificare gli incartamenti nel suo archivio. Ricordo il sorriso di quei giorni e la sua allegria infantile.

36.

È arrivata la pioggia. Come un odore di terra bagnata e foglie inumidite. Di zolle che si gonfiano di tepore. Come presagio di qualcosa che accade altrove.

Al di là dei vetri della finestra, la grande chioma della magnolia, con il suo manto verde cupo, ha cominciato a tremare. Il ciottolato del cortile ha preso a macchiarsi di piccoli, radi punti neri.

Poi piú rapide e numerose sono cadute le gocce.

Va avanti cosí per giorni.

37.

È Marco, quando infine lo incontro a Zurigo nel suo studio pieno di materiali e documenti che rinviano al padre, a raccontarmi della fine di Jo. Arrivo dopo un lungo viaggio in treno. Mi accoglie con un bel sorriso insieme a Tania Samara Kuhn, la figlia del direttore della fotografia Toni Kuhn. Sul grande schermo di un computer, mi mostra la registrazione dell'intervista che aveva fatto, una decina di anni prima, a Gerrit, il fratello gemello di Jo.

L'uomo, al tempo dell'intervista, aveva già un'ottantina d'anni. Il ciuffo dei capelli grigi sistemato con cura e attenzione. Indossa un'ampia giacca nera sopra una camicia chiara che sembra appena stirata. Durante le riprese, stringe di frequente le mani a pugno e le poggia sul tavolo ingombro di tazzine di caffè. Alle domande di Marco, risponde mostrando un urgente bisogno di parlare del tempo che aveva trascorso insieme a Jo quando erano piccoli. Con infantile orgoglio spiega che lui era nato per primo. Gerrit prima di Jo.

La voce forte, il fisico asciutto e curato. È cosí sicuro di sé, che già all'epoca sembrava intenzionato a vivere altri cento anni. Parla in tedesco con un forte accento olandese.

Marco, rivedendo quelle scene, sorride e mi confessa che fa fatica a capire con esattezza le parole di Gerrit.

Il fratello di Jo aveva lavorato come autista nel servizio di soccorso stradale olandese. Aveva viaggiato in tutta Europa in aiuto degli automobilisti dei Paesi Bassi. Era stato cosí, girando alla guida di un camion, che aveva appreso una mescola originale, inimitabile, e in parte incomprensibile, di olandese, tedesco e forse francese. Alla fine era diventato autista come il padre. Con i fratelli e le sorelle, conferma nell'intervista, non si erano mai piú visti dal funerale della madre. Solo quella mostra a Helmond li aveva fatti incontrare di nuovo. Solo quell'articolo di giornale. Quella richiesta di aiuto.

Nell'intervista tornano a quei giorni di molti anni prima, a ciò che era accaduto. Parlano di come la famiglia di Jo si fosse ritrovata, nel breve volgere di alcuni mesi, a veder capovolto il proprio destino. La gente di Roermond fu costretta a evacuare verso Nord, verso la Frisia e verso Groninga. La loro famiglia invece non volle partire. Si nascosero e un freddissimo giorno di febbraio, con altre tre famiglie, si incamminarono verso sud. In tutto, tra adulti e ragazzini, erano in venticinque. L'aria era talmente gelata che non sentivano piú le mani. Passata qualche ora, dopo aver percorso circa quattro chilometri, furono colpiti da una granata. Erano convinti che fosse dei tedeschi, invece erano stati gli inglesi a lanciarla. Si trattava di quello che oggi chiameremmo il fuoco amico. Jo fu ferito a un braccio e il padre a una gamba. La polizia tedesca li riportò indietro a Roermond.

A un certo punto Marco, in quel video, chiede a Gerrit se se la sente di raccontare l'incidente di Jo. Vuole sapere se a esplodere fu una Booby Trap, come le chiamavano gli americani. Gerrit fa cenno di sí con la testa e spiega che Jo, quel giorno, il 3 marzo del 1945, aveva afferrato la maniglia di una porta con la mano destra, tirandola a sé. Un istante dopo Jo era tutto nero in volto, aveva gli occhi feriti e correva indietro verso di lui. Era stato terribile.

Gerrit per due o tre volte si passa la mano sul lato destro del volto, per descrivere la parte del viso di Jo colpita piú gravemente, ma anche per coprire un po' quel cedimento e non mostrare la commozione che lo ha preso. Racconta poi che aveva lasciato Jo all'ospedale. L'ho lasciato lí. Lo ripete tre o quattro volte. Jo rimase in ospedale per molto tempo. Soffrí a lungo.

Dalle finestre dello studio di Marco entra ancora una luce dolce. Le scansie sono piene di libri e pubblicazioni. Ogni cosa parla di suo padre, di un giovane Werner Bischof. Intanto continuiamo a guardare il video, mandando avanti e indietro la registrazione.

A un certo punto, durante l'intervista, Marco si mette a raccontare a Gerrit che Jo era diventato un simbolo. Che suo padre Werner si era accorto subito della forza del suo volto. In Svizzera, la copertina della rivista «Du» con la foto di quel ragazzino era diventata l'occasione per parlare della guerra come forse non si era mai fatto. Il volto di suo fratello, un volto ancora senza nome, aveva scosso le coscienze di molti, similmente a come accadde con Kim Phúc, la bambina di nove anni che in Vietnam, durante i bombardamenti al napalm, fu immortalata da un fotografo ragazzino, Nick Út, mentre correva a braccia aperte come un infante Gesú Cristo, in cerca disperata di aiuto. Di certo l'avrai vista anche tu quella foto, dice Marco a Gerrit.

Gerrit nel 1949 fu richiamato dall'esercito nelle Indie Orientali, terre che erano state a lungo colonia olandese e che a quei tempi si ritrovavano nel mezzo di una guerra di indipendenza. I ragazzi olandesi, già dagli anni Trenta, prima che scoppiasse la Seconda guerra mondiale, partivano da Genova a bordo di grandi navi per andare a Batavia, cioè Giacarta. Quei transatlantici potevano trasportare fino a ottocento passeggeri. I giovani arruolati nel Reale esercito delle Indie Orientali viaggiavano in terza classe, nel ponte inferiore, quello piú in basso di tutti. La maggior parte di loro aveva un diploma di scuola superiore, ma a causa della crisi economica era senza lavoro. Anche Gerrit era partito con una di quelle navi. Il viaggio era durato quattro settimane. A suo dire, era arrivato a destinazione dopo che l'esercito olandese aveva fallito il tentativo di riprendere il controllo dell'Indonesia. Aveva partecipato quindi alla lunga e complessa dismissione di quella parte di impero. Rimase un paio d'anni e poi rientrò insieme a tutti gli altri: i rappresentanti delle imprese che producevano zucchero e tabacco; gli impiegati nelle aziende commerciali; i giovani nuclei familiari che avevano cercato fortuna lontanissimi dall'Olanda, in una terra che sembrava un Eden naturale. Gerrit era rientrato con un carico di memorie e ricordi. E con una ragazza che divenne sua moglie dopo qualche anno.

Jo invece, per le ferite della guerra, non fu richiamato dall'esercito. Cominciò a lavorare come aiutante nei campi di alcuni agricoltori.

Nel video Gerrit tira fuori da una busta trasparente una fotografia di Jo a vent'anni. Era stata scattata uno o due mesi prima della sua morte. Probabilmente qualche mese dopo il suo trasferimento a Grubbenvorst. Jo è in sella a una bicicletta. Indossa un bel completo. Sotto la giacca ha una camicia bianca con una cravatta scura. Ha i capelli pettinati all'indietro, ammorbiditi da una di quelle pomate che si usavano all'epoca. Anche a quell'età sembra avere una certa somiglianza con mio padre al tempo del liceo. Tiene ben stretto il manubrio, inclinandolo, sembrerebbe, per girare alla sua sinistra. L'immagine lo ritrae per intero. Non è un primo piano, e viene voglia di avvicinarsi allo schermo per guardare meglio il volto. Forse era un giorno di festa e lui stava raggiungendo da qualche parte una ragazza conosciuta da poco. L'amore incredibile di quei giorni. La voglia di vivere. Chissà se anche quella giovane donna, al pari di mia madre, non sapeva ancora quanto davvero Jo riuscisse a vedere.

Chiedo a Marco di fermare l'immagine e provo ad avvicinarmi allo schermo. Le cicatrici, qui, sono meno evidenti di quelle nella foto scattata da Werner cinque anni prima. Le cavità degli occhi sono rese quasi tenebrose dall'ombra gettata dall'arcata sopraccigliare. Sul labbro inferiore e sul sopracciglio, entrambi sul lato sinistro del volto, compaiono dei segni scuri. Sembrano tumefazioni o ferite, ma molto probabilmente sono solo macchie della foto.

È stata una scheggia finita nel cervello, dice Gerrit, che ha causato la morte di Jo. Aveva vent'anni. Una scheggia nel cervello, che non riuscirono a rimuovere nei primi giorni, alla fine aveva ripreso a muoversi e aveva finito per togliergli la vita.

Lo osservo con attenzione. Guardo la fronte corrugata, gli zigomi pronunciati e le linee della bocca di Jo. Mi soffermo sulla sua espressione, sembra qualcosa a metà tra un sorriso e un ghigno inconsolabile. La sensazione che dentro si agiti una disperata gioventú.

Quell'immagine mi fa venire in mente lo scatto con cui venne immortalato James Dean in Times Square nel 1955. Quello in cui cammina con un cappotto scuro e una sigaretta tra le labbra sotto una pioggia fitta. Anche quella foto fu scattata poco prima che il giovane, disperato anche lui, perdesse la vita.

Marco, nel video, chiede a Gerrit in che modo era venuto a sapere della triste sorte toccata al fratello. Gerrit sembra rivivere di nuovo qualcosa. Forse, per un attimo, ha rivisto davanti a sé il fratello corrergli incontro con il volto bruciato. Forse è tornato con la memoria ai giorni di Roermond, o a quelli di poco successivi trascorsi nelle Indie Orientali, quando i telefoni non erano ancora diffusi. Glielo aveva detto un prete. Mentre era a Bandung, il capoluogo della provincia di Giava occidentale. Il parroco doveva aver bevuto qualche bicchiere di troppo. Non fu il modo migliore di venirlo a sapere. Per di piú, Jo era già stato tumulato da qualche settimana. Gerrit non se lo aspettava. Il fratello aveva sempre avuto dei problemi, ma che stesse per morire, non se lo aspettava proprio. Sembra che Jo, la sera, prima di andare a dormire, si fosse lamentato per un fortissimo mal di testa.

Marco, che per quasi tutta la durata dell'intervista è rimasto una voce fuori campo, a un certo punto nel video smette di fare domande e comincia a parlare di sé, della sua storia. Come se, condividendo il proprio dolore, potesse attenuare e addolcire quello di Gerrit.

Marco confida a quel gemello addolorato che lui era rimasto con suo padre solo qualche mese. Del genitore gli avevano parlato soprattutto la madre e la nonna. Gli sembrava di avere dei ricordi, ma non sapeva se li avesse vissuti in prima persona o se invece fossero originati dalle storie che gli avevano raccontato. Ricordava che a casa sua c'era un continuo viavai di persone, e che suo padre era sempre via. In Asia o in un altrove remoto del mondo. Le cose erano andate cosí. Per fortuna Werner non solo aveva scattato molte fotografie, ma aveva lasciato anche molte pagine scritte e tanti disegni. Lí, in quei lasciti, Marco poteva ancora ritrovarlo.

38.

Prima di partire per Zurigo avevo preparato una lunga e dettagliata lista di domande che volevo rivolgere a Marco per sapere qualcosa di piú su di lui e su suo padre. Per scoprire qualcos'altro. Ma alla fine non conta piú. Jo è morto giovanissimo e non posso ascoltare dalla sua voce ciò che ha sofferto. Non posso condividere con lui la storia di mio padre. Anche Gerrit non è piú in vita. Gli altri fratelli e sorelle, almeno quelli che potevano avere chiari ricordi di Jo, sono probabilmente deceduti.

Marco mi dà l'indirizzo di posta elettronica di Frank Hoenjet, il curatore della mostra che era riuscito a trovare Gerrit. Proverò a scrivergli. A un certo punto mi mostra anche i quaderni in cui il padre aveva appuntato ciò che aveva visto quando era arrivato a Roermond. In quelle note raccontava che la famiglia di Jo lo aveva ospitato, probabilmente per una o due notti. Erano rimasti insieme sotto lo stesso tetto nella casa dove Jo si era misurato con la privazione e le ferite.

Marco mi offre un caffè. Mi chiede di mio padre. Parliamo ancora a lungo.

Alla fine dell'incontro mi accompagna fuori dallo studio. Viene con me fino al ponte Hardeggsteg, sopra il Limmat. Mi indica il segno lasciato dall'acqua pochi giorni prima. La piena era salita quasi fin sopra l'argine. Poco lontano quattro barche attraccate ondeggiano mosse dalla corrente del fiume. Hanno ancora acqua nello scafo.

39.

Marco, in occasione dei cinquant'anni dalla morte del padre, aveva scritto che mentre, da bambino, tracciava sul pavimento cerchi e cerchi con il triciclo, a casa sua entravano e uscivano amici da ogni parte del mondo. Alle pareti erano appese riproduzioni delle fotografie di maestri immortali, che sarebbero poi rimaste nella memoria di molti. Il padre scriveva tantissimo sui diari, probabilmente molto piú di quanto sia solito fare un fotografo. In quei testi si celano, e si svelano, la sua inquietudine e il suo ossessivo bisogno di capire. Si interrogava continuamente su ciò che riusciva a fare e su ciò che, pur desiderandolo, non riusciva a portare a compimento.

A un certo punto della sua vita, Werner Bischof avrebbe potuto prendersi del tempo per sé e per le persone che amava. Per sua moglie Rosellina, per suo figlio Marco e per il suo secondo figlio che stava per nascere. Aveva ormai raggiunto la fama del reporter affermato, sebbene i guadagni non fossero pari alla sua celebrità. Aveva pubblicato anche molti studi e numerosi cataloghi. Eppure non riusciva a star fermo. Proprio in quegli anni partí di nuovo, prima per gli Stati Uniti e poi verso il Perú.

Il fatto che le testate internazionali si servissero del suo lavoro per replicare o diffondere un immaginario ormai prestabilito – magari selezionando e tagliando i suoi scatti contro le sue indicazioni –, invece di inglobarlo nel sistema mediatico finí forse per sospingerlo ancora di piú verso una sorta di radicalizzazione del proprio pensiero. Tutti quei viaggi non avevano quasi piú a che fare con il girovagare di chi va nei luoghi piú distanti per testimoniare e pubblicare con le grandi testate, quanto piuttosto, al contrario, erano un modo per defilarsi, per risolvere una questione personale. Erano la dimostrazione di quanto lui si percepisse sempre di piú come un artista. O, forse meglio, come un uomo a tutto tondo.

Il significato della sua professione, del suo mestiere, del suo agire aveva finito per coincidere in maniera pressoché totale con il significato della sua esistenza.

Se non si fosse mosso, non sarebbe riuscito a trovare lo spiraglio, la soglia che in quel momento per lui era necessario attraversare.

40.

Quando rientro nel mio albergo di Zurigo, cercando ancora sul database online del comune olandese di Grubbenvorst, trovo la conferma definitiva della morte di Jo. Si tratta di un trafiletto uscito su un giornale locale il 9 dicembre 1950: «Overlenden: Corbeij, J. G. Th, landbouwer A 181». Jo è deceduto a Grubbenvorst. Era un contadino. Un lavoratore della terra.

Al Comune della cittadina l'atto di decesso di Joseph Gerardus Maria Theresia Corbeij è datato l'11 novembre 1950, il giorno dell'estate di San Martino. Il mese in cui Jo ha perso la vita è lo stesso in cui è scomparso mio padre.

Jo e Momia se ne sono andati tutti e due nel mese che piaceva a Cesare Pavese. Quando c'è «il sole che rompe le nebbie» e si respira «l'odore di freddo che ha il sole al mattino».

41.

Momia e Jo. Giovani e innocenti. La guerra li ha colpiti sul volto e sugli occhi. E ancora piú a fondo. Li ha segnati con schegge che avrebbero lasciato cicatrici durature. Uno di loro è sopravvissuto a lungo, l'altro non ce l'ha fatta. Momia e Jo come i figli delle due donne davanti a Re Salomone. Uno riesce a superare la notte mentre l'altro viene sopraffatto senza neppure sapere perché.

42.

La sera cammino a lungo tra le stradine di Zurigo fino a quando scende la notte. La gente sorride e beve seduta ai tavolini dei locali. In questi giorni di fine estate ciascuno freme dalla voglia disperata di trattenere ancora l'esile coda della stagione luminosa. Vedo il fiume, le acque tremolanti e le luci ancora accese alle finestre. Sembra una sera azzurra. Come nei quadri di Chagall. Verrebbe voglia di andarsene, di volare via. Ma non si può.

Non mi resta che vagare ancora. Prendo la strada in salita che va verso l'ospedale, proprio lí dove fu operato mio padre molti anni prima. Faccio avanti e indietro. Ridiscendo di nuovo. Passo davanti a una grande biblioteca, dove le luci rimangono accese anche di notte. Tra le stanze e i corridoi però non c'è nessuno.

Gli ultimissimi anni di vita di mio padre sono stati dolorosi. La sua mente a poco a poco ha perso consapevolezza. Come, nel caso di Jo, era stata la scheggia a muoversi fino a toccare e compromettere i punti vitali, anche nel caso di mio padre qualcosa deperí esattamente nell'organo che custodisce il segreto del ragionamento e dei pensieri, dove risiede il nucleo dell'identità di ciascuno. Lui che della mente aveva fatto lo strumento per difendersi, aveva finito per soccombere allo sgretolarsi improvviso di quel duraturo baluardo.

Diceva, poco prima che perdesse la lucidità, che sentiva una mancanza. Che qualcosa gli mancava proprio lí, nella mente. Non riusciva piú a trovare delle parti di sé. Non gli prestammo attenzione come avremmo dovuto. Arrivò a mangiare poco, quasi solo insalate. Lo vedevo inquieto quando andavo a trovarlo. In quei giorni, guardando lui, e quella sua irrequieta sofferenza, mi venne in mente uno stranissimo pensiero. Ciascuno di noi, per nascere ed entrare nel mondo, ha il privilegio di essere ospitato nel ventre di una donna, dove cresce finché non arriva il momento di uscire e vivere. Per terminare il nostro viaggio, invece, per lasciare questo mondo, per concludere il tempo vissuto, non sappiamo bene dove passare. Non c'è nessun pertugio che assolva a quel compito. Non c'è nessuno che si prenda cura di noi e ci accompagni in quell'attraversamento. Dobbiamo farlo da soli. Ma non sappiamo la strada.

Ebbi la sensazione che tutta la disperazione gli arrivasse non tanto dalla consapevolezza di ciò che lo aspettava, quanto dal non riuscire a trovare il punto, l'insenatura, il passaggio che gli avrebbe permesso di andare oltre. Dal non riuscire a trovare il cedimento di mondo da dove svignarsela.

Una risonanza magnetica al cervello certificò la presenza della malattia contro cui non era possibile erigere alcuna difesa. Eravamo impreparati a tutto quello che sarebbe venuto dopo. Alla definitiva capitolazione del corpo e del controllo di sé.

Il neurologo spiegò che la cecità, da quando mio padre aveva smesso di lavorare solo pochi anni prima, aveva accelerato il decadimento. La mancanza di una serie di sollecitazioni, tipiche della vista, che di solito aiutano a tenere in allenamento la mente, gli avevano impedito, in qualche modo, di difendersi. La cecità, innescata da quell'esplosione, lo aveva privato anche dell'ultima possibilità di rallentare il declino. La sua pena era arrivata fino a lí. Piú rapidamente di quanto ci aspettassimo, decise di lasciarci. Alla fine, dopo tanto patimento, trovò il varco che gli permise di fuggire da quell'ultima gabbia umiliante.

Alla stazione centrale di Zurigo, al mattino, prima di prendere il treno di ritorno, compro delle praline e dei giornali. Sono passati quasi due anni dalla morte di mio padre e piú di un anno e mezzo dall'invasione dell'Ucraina. La guerra non smette di sotterrare mine e viene indicata ormai, da piú parti, come lo strumento inevitabile per dirimere contese cruciali. Finché i morti e i feriti riguardano altri, per alcuni, non sono mai morti e feriti. Gli interrogativi sono sempre gli stessi. Quelli che si poneva Werner. Quelli che lo spingevano a scalare le Alpi innevate in cerca di quiete. Come si può, in questi giorni, trovare un po' di pace?

Il viaggio di ritorno, questa volta, sembra interminabile. Vedo la cima di un ghiacciaio ancora innevata all'uscita di una galleria. Ci sono ancora, penso, le Alpi che Werner aveva scalato nei suoi giorni piú belli. Due ragazze parlano di Taylor Swift. Arriviamo alla stazione di Milano con le sue altissime volte. Un bambino piange. Sento che sta finendo qualcosa. Il ponte ferrato sul Po, il buio tra Bologna e Firenze. Il tufo fragile e dolce su cui poggia il profilo aereo di Orvieto. Le abitazioni anonime che vengono incontro lungo la via Salaria e infine la febbrile eccitazione della stazione Termini.

Penso che mi rimanga solo un ultimo passo per girare intorno e ritrovarlo. Un ultimo gesto per combattere la slealtà della dimenticanza. Per trattenere qualcosa del suo tempo di bambino ferito. Per trovare un passaggio che mi porti a lui.

Ciò che è stato, diceva mio padre, tornerà a essere di nuovo. Non ho mai capito dove trovasse la convinzione con cui, di tanto in tanto, pronunciava il suo aforisma preferito. Lo faceva quasi sorridendo, sornione. Come chi ha ricevuto una confessione o ha avuto modo di incontrare qualcuno che gli ha svelato il segreto piú importante. Non ho mai capito dove trovasse quella convinzione. E perché pronunciasse l'aforisma con tanta fermezza. Proprio lui, che mi aveva insegnato a dubitare di ogni cosa e a non ostentare mai false certezze.

Il giorno dopo parcheggio l'auto in una stradina dello Statuario. Per terra c'è ancora qualche pozzanghera. So di esserci stato anche da piccolo. Ma non ricordo quando e perché. Seguo le indicazioni del navigatore per arrivare all'ufficio postale dove lavorava Renata. Un cancello bianco, una lieve discesa. All'improvviso mi tornano in mente i timbri, gli elastici e le penne.

Percorro la strada che porta alla casa dove aveva abitato. Poi seguo il tragitto che faceva quando andava a passeggiare il pomeriggio, con la luce che si addolciva e il sole che si avvicinava alla linea dell'orizzonte, verso occidente, dove si distendevano i terreni dell'Agro Pontino. Momia portava con sé Meri, apriva il portoncino e l'aiutava a scendere i pochi gradini. Riesco quasi a vederli. Due ragazzini che escono dal cancello da soli e svoltano a destra. Un passo dopo l'altro. Raggiungono il viale che costeggia l'Appia Nuova. Sentono il calore della luce sul volto, sulle mani e sulle gambe, e l'aria fresca dei pini che arriva fino a loro.

Momia e Meri, stretti l'uno all'altra, avanzano con passi meticolosi. Parlano tra loro una lingua segreta. Fitta e personale. Tessono, durante i pomeriggi, il filo di una maglia che possono indossare solo loro due.

Ho saputo che anche Meri, negli ultimi tempi, ha dovuto fare i conti con l'assenza di sé, con la mente che si perde dentro pensieri privi di coerenza. Quando le parole non sanno piú dire ciò che si pensa e si desidera. Quando non ci viene piú concessa neppure la possibilità di fare un'ultima confidenza, di pronunciare un'ultima parola d'affetto.

Passo vicino alla ferrovia e alla massicciata, dove Momia mi aveva raccontato che andava a giocare con gli altri bambini senza dire nulla alla madre. Erano i primi sconfinamenti verso l'adolescenza. Correva e saltava mentre seguiva i compagni. A volte non era affatto semplice. Ma non c'erano cadute o sbucciature alle ginocchia che non potesse sopportare. Si aggrappava a quelle corse disperate con una fame feroce.

Alla fine, la trovo. È il punto esatto da cui Momia era partito per dare avvio a ogni cosa. Rischiando, come avrebbe sempre fatto da quel momento in poi. La trovo. A pochi passi dal controviale dove andava a camminare con Meri. La fermata del tram.

Quel mezzo portava con sé, ogni volta che passava, ogni volta che si fermava e apriva le porte, un'aria fresca e un'irrequietezza felice. Alla fermata, quando le ruote stridevano frenando sui binari e si dischiudevano i varchi a soffietto, c'era un incrociarsi di gambe che salivano e scendevano.

Adesso, qui, non passa piú alcun tram. Gli ultimi viaggi di quella tratta risalgono al febbraio del 1980. C'è ancora il marciapiede che fungeva da banchina. Nel crepuscolo un ultimo tram sembra arrivare da lontano. Per entrare basta poggiare il piede sopra al gradino. Momia non è mai salito su una nave. Non conosce i transatlantici che trasportano le merci e i passeggeri verso il Nuovo Mondo. Allo stesso tempo, però, si è fatto l'idea che il tipo di viaggio sui binari, con i continui sobbalzi, somigli proprio a quello ondeggiante della navigazione sul mare. Appena entra, appena si richiudono le porte e l'autista gira la manovella, il corpo del tram comincia a dondolare. Momia cerca l'equilibrio poggiandosi ora sul piede destro ora sul sinistro. Poi prova a capire da quale lato arrivino i raggi del sole. Intuisce cosí in che direzione si muove il mezzo. Dal rimbalzo di luce sui tubi d'acciaio dei sedili determina quanto sia già sceso il sole rispetto al suo zenit. Allora ripassa a memoria i punti cardinali, come gli ha insegnato zio Manlio. A est è dove sorge il sole. A ovest, è dove tramonta.

Mi sembra di vederlo mentre si allontana verso la città, fino alla stazione Termini. In volto, la stessa disperazione con cui, anni prima, i suoi zii avevano attraversato l'oceano per raggiungere il Nuovo Mondo. I raggi del sole attraversano il corpo trasparente del tram fino a illuminare le pietre antiche dell'Acquedotto Claudio.

Ora il giorno è finito. Il crepuscolo si è dissolto e ha fatto spazio al buio piú denso. Non c'è piú tempo. È arrivato il momento di lasciarlo andar via.

Foto

Domenico Pace quando era Momia, Roma, 1946-47.

Paesi Bassi, città di Roermond, 1945. (Foto © Werner Bischof Estate / Magnum / Contrasto).

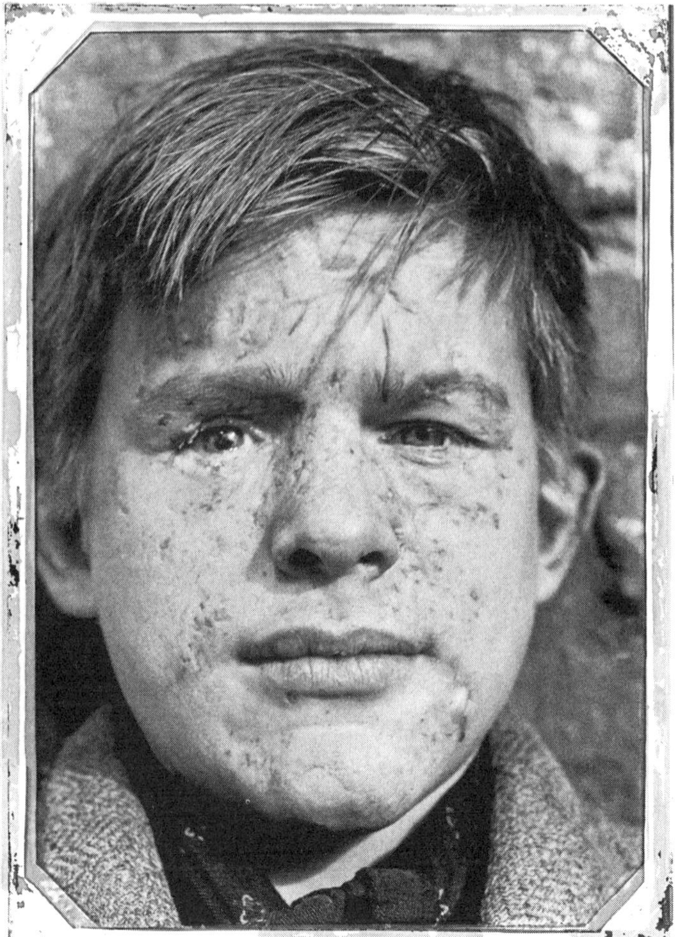

Einaudi usa carta certificata PEFC
che garantisce la gestione sostenibile delle risorse forestali

PEFC
PEFC/18-32-03

Certificato PEFC
Questo prodotto è realizzato con materia prima da foreste gestite in maniera sostenibile e da fonti controllate
www.pefc.it

Stampato su carta HOLMEN con fibra vergine
proveniente da foreste sostenibili
www.holmen.com/paper

Stampato per conto della Casa editrice Einaudi
presso ELCOGRAF S.p.A. - Stabilimento di Cles (Tn)
nel mese di marzo 2025

C.L. 26730

Edizione						Anno			
1	2	3	4	5	6	2025	2026	2027	2028